QUE SAIS-JE ?

Adler et l'adlérisme

GEORGES MORMIN

RÉGIS VIGUIER

Docteurs en psychologie et psychothérapeutes

ISBN 2 13 043401 0

Dépôt légal : 1re édition : 1990, décembre

108, boulevard Saint-Germain, 75006 Paris

INTRODUCTION

Le terme « psychanalyse » employé dans le public dans un sens vague désigne la psychologie de l'inconscient ou la psychologie abyssale ; selon la terminologie anglo-saxonne, celui-ci définit le courant psychologique qui décrit la vie psychique consciente et rationnelle de l'homme comme dirigée en grande partie par des stratum inconscients affectifs et archaïques de la personnalité. Ce terme s'applique tant aux découvertes de Freud qu'à celles d'Adler et de Jung.

Sigmund Freud (1856-1939). Le véritable auteur de la découverte de la psychologie des profondeurs est sans conteste Joseph Breuer, mais Freud, sans nul doute, a su lui donner ses lettres de noblesse : les expériences de posthypnose pratiquées chez Bernheim et Liebault à Nancy, puis une collaboration avec Breuer permettent à Freud de constater que des souvenirs ramenés à la conscience pendant le sommeil psychique expliquaient les symptômes et les faisaient momentanément disparaître. Le sens de ces symptômes émergeait des profondeurs.

En 1900, la publication de Freud *L'interprétation des rêves* marque le coup d'envoi de la recherche sur la science de la psychologie de l'inconscient ; du *Die Traumdeutung*, il ressort que le rêve doit être considéré comme le champ de bataille de la sexualité biologique directe et libidineuse. Le rêve émergé du sommeil à la suite d'une nuit de repos réparateur ou à la suite d'un endormissement agréable relèverait, en fait, d'un cas de volupté.

La seconde publication de Freud en 1901, *Zur Psychopathologie des Alltagslebens (Psychologie de la vie quotidienne)*, indique que l'état de veille est aussi chargé de désirs profondément sexuels, c'est là le sens des actes manqués. Dans son *Drei Abhandlungen Zur Sexualtheorie (Trois essais sur la théorie de la sexualité)*, 1905, en pleine période de la fin de l'ère victorienne, Freud ose traiter des stades de la sexualité infantile — « *un enfant est un pervers polymorphe* » dont la pureté légendaire pourrait être remise en cause.

Deux chercheurs originaux, C. G. Jung et A. Adler, outre Freud, vont insuffler un élan extraordinaire à cette révolution à laquelle s'origine la pensée contemporaine.

Carl Gustav Jung (1875-1961) découvre *l'inconscient collectif.* Il s'agit là d'un concept empirique et opérationnel ; il est « de nature collective, universelle et impersonnelle, identique chez tous les individus. Cet inconscient collectif ne se développe pas individuellement » (C. G. Jung, *Collected works*, Bollingen). Cette découverte s'impose à Jung grâce à son expérience psychiatrique où il apprit que l'histoire personnelle ne suffisait pas pour comprendre le fonctionnement du psychisme et le soigner. Il met ainsi en évidence la notion d'*archétypes.* Les *archétypes* sont des images, anciens vestiges du trésor commun de l'humanité, Jung est également le créateur de la notion d'individuation, réalisation de soi-même, devenir ce que l'on pourrait être.

Alfred Adler (1870-1937), lors de sa rencontre en 1902 avec Freud, avait déjà imprimé la direction philosophique de ce qui serait sa doctrine psychologique, « la psychologie individuelle comparée ». L'homme n'est pas un produit isolé, il est en partie une résultante sociétale *(Gemeinschaft)*.

1) Le psychisme de l'être est un tout indivisible ; le terme vient du mot *individuum* qui signifie littéralement ce qui ne peut pas se diviser (d'où le terme individuel), qui ne peut se comprendre que saisi dans son intégralité : la psychologie individuelle comparée est la doctrine de l'être humain en tant qu'unité indivisible.

2) Pour une meilleure évaluation de la personnalité avec ses problèmes et ses difficultés, il convient de se référer à une norme sociale idéale et abstraite (d'où le terme comparée). Alfred Adler met en évidence la notion de compensation dans le domaine de la psychologie, la base de sa doctrine est fondée sur le complexe d'infériorité, le conflit entre la position sociale réelle et les aspirations du sujet, la notion de structure caractérielle et son retentissement sur le devenir de la personnalité.

Les deux points de départ de la psychologie d'Adler furent d'une part la somatologie traitée sous l'angle de la valeur fonctionnelle et du rôle des organes défectueux, d'autre part la sociologie s'appuyant surtout sur une analyse critique des oppositions des rivalités d'idées et d'intérêts, des contradictions d'une dynamique sociale profondément antagoniste.

CHAPITRE PREMIER

LA SPÉCIFICITÉ DE LA DOCTRINE D'ADLER

Une lecture chronologique de l'œuvre d'Adler permet de saisir le cheminement de la pensée de celui-ci et la spécificité de la psychologie individuelle comparée (PIC) considérée comme une psychologie des profondeurs impliquante.

1907 : « Studie über Minderwertigkeit von Organen »

Mise en évidence de la notion de compensation psychique de l'état d'infériorité des organes.

L'organisme à la naissance et au cours de son évolution dans les premières années de la vie n'est pas d'une qualité structurelle et fonctionnelle constante, les organes ou systèmes organiques peuvent être défectueux à la suite d'une déficience originelle ou acquise. Ils n'ont alors plus la même valeur fonctionnelle ni la même résistance que les autres organes ou systèmes organiques. Ils sont dans l'incapacité d'intégrer les stimuli reçus. Cela a pour conséquence de provoquer une poussée des stimuli entraînant un développement parfois exagéré de l'organe. On parle de surcompensation. Il arrive que l'organe déficient soit incapable d'intégrer les stimuli, ceux-ci se redéploient vers un autre organe qui tend à développer une activité compensatrice ou surcompensatrice. L'activité compensatrice peut être soit d'origine biologique, par l'intermédiaire d'un homologue ou d'un autre système organique, soit d'origine psychique par provocation d'une intensification des fonctions intellectuelles amenant la personne à mobiliser davantage l'attention sur l'activité de cet organe que sur les autres parties du corps. Une surstimulation se développe alors, notamment si la zone intéressée est de nature érogène.

Selon l'hypothèse d'Adler toute infériorité sexuelle implique une infériorité organique. C'est ainsi que, admettant le rôle important de la sexualité dans le processus névrotique, il situe l'origine de la névrose au niveau de l'infériorité d'organe, car toute déficience organique génère un sentiment d'infériorité, lequel est à considérer autant dans les problèmes biologiques que psychologiques ou sociaux. Le sentiment d'infériorité s'inscrit comme une manifestation normale de l'activité psychique humaine. Il accompagne l'enfant au cours de son développement dans la confrontation de la supériorité ou de la toute puissance parentale ou de sa représentation chez les autres adultes. Sa manifestation est prégnante chez tout adulte confronté à un problème nouveau.

1908 : « Die Aggressionstrieb im Leben und in der Neurose »

1. **La pulsion d'agression (« Aggressionstrieb »).** — Le terme allemand *Trieb* désigne un processus dynamique ayant sa source dans une excitation somatique. Le *Trieb*, ou pulsion, mobilise à la fois l'appareil psychique et la motricité afin de provoquer un comportement entraînant la décharge de la tension existant au niveau somatique. Le but de la pulsion est constitué par cette décharge. Adler à cette époque s'efforce de trouver dans les phénomènes organiques et physiologiques le point de départ des manifestations psychiques. Le besoin

fonctionnel de voir, entendre, sentir, goûter, est mû par des stimuli intérieurs issus du corps lui-même qui provoquent une agitation au niveau des organes, une pulsion. Il existe une pulsion spécifique à chaque organe, pulsion visuelle, pulsion auditive, pulsion olfactive, pulsion gustative, pulsion sexuelle. Ce sont les *Primärtrieb*, pulsions primaires ; il ne s'agit pas des *Partialtrieb* de Freud — pulsions partielles qui sont des éléments pulsionnels exclusivement de nature libidinale.

2. **De la pulsion agressive à la personnalité agressive.** — La théorie freudienne oppose les pulsions sexuelles aux pulsions d'autoconservation ; le moi trouve dans la pulsion d'autoconservation l'essentiel de l'énergie nécessaire à la défense contre la sexualité. Il existe ainsi autant de pulsions sexuelles que de sources somatiques d'excitations libidinales. La théorie d'Adler affirme l'existence d'une pulsion agressive : on assiste à un écoulement des *Primärtriebe* vers le système nerveux central lorsqu'un organe n'intègre pas les stimuli extérieurs et quelquefois les stimuli intérieurs, formant une pulsion psychique, l'*Aggressionstrieb* ou pulsion d'agression. A l'origine indépendants les *Primärtriebe* peuvent fusionner : la pulsion alimentaire résulte d'une fusion de la pulsion visuelle et de la pulsion gustative ; si on leur associe la pulsion agressive, elles donnent naissance à l'instinct de chasse. La pulsion sadomasochiste résulte de la fusion de deux pulsions, la pulsion sexuelle et la pulsion agressive dirigée à la fois contre soi-même et contre le partenaire.

Dès 1908, par l'idée d'une fusion des pulsions, Adler exprime les balbutiements d'une théorie qui tend à considérer la personnalité comme une Unité. Le point de vue pulsionnel évolue pour définir l'agressivité dans la vie comme un dynamisme menant au succès, à l'affirmation de la personne car, « l'élément décisif dans la vie de chacun est son attitude vis-à-vis des tâches futures. Cette attitude est toujours quelque peu offensive *(immer etwas Angreifendes)*. Ou encore : l'emprise sur l'avenir est toujours une emprise agressive (c'est à cette agressivité qu'Adler se réfère dans son titre). Or, toujours selon Adler, personne ne peut se permettre d'être aussi agressif qu'il le voudrait. Chacun agit avec précaution puisqu'il faut partager cet avenir avec ses semblables. Chacun voit son dessein entravé par ceux, tout aussi ambitieux, des autres. Cela veut donc dire que la société réfrène l'agressivité ou, pour utiliser les termes d'Adler, que la société *(Gemeinschaft)* favorise l'inhibition *(Triebhemmung)* de la pulsion agressive individuelle *(Aggressions-Trieb)*, ce qui, à l'extrême, détermine un « comportement résigné et altruiste » (J. H. Van den Berg, *Les grands courants de la psychanalyse*).

Entre 1908 et 1912 s'opère un cheminement progressif de la pensée d'Adler qui, de la pulsion agressive, aboutit au concept de personnalité agressive. L'agressivité étant un combiné d'énergie vitale qui s'exprime de façon indifférenciée sur un mode positif ou négatif. Adler, contrairement à Freud, ne considère pas la libido comme la principale source du dynamisme de la vie psychique mais affirme que ce dynamisme prendrait sa source dans la pulsion agressive. Cette pulsion préexiste dans la vie de tout homme en deçà de la frustration libidinale, son rôle est aussi important chez l'individu normal que chez le névrosé.

1910 : « De l'hermaphrodisme psychique »

Alfred Adler s'applique à décrire un phénomène singulier lors de ses investigations cliniques : les névrosés doutant de leur propre identité sexuelle tentent de compenser et aboutissent à ce qu'Adler considère être une protestation contre un état de dévalorisation. « Les fondements psychiques et la structure de la névrose sont empruntés à la prime enfance sous l'influence de différents facteurs ; état d'infériorité des organes, situations familiales peuvent apparaître chez l'enfant des traits de dépendances avec besoin impérieux et excessif de soutien et d'affection, une anxiété, la peur de rester seul, une hypersensibilité, la crainte de l'inconnu, autant de traits caractériels qui confèrent, selon Adler, au jeune garçon une dimension féminine. Opposés à cette attitude de servilité et de subordination apparaissent des traits actifs de révolte secrète, de ressentiment, de désobéissance, manifestation d'une opposition masculine. Ces composantes masculines et féminines cherchent leur synthèse » (H. Schaffer, *in* André Virel, *Vocabulaire de psychothérapie*). Ainsi, dans cette confrontation permanente fluctuant entre, d'une part, virilité et agression et, d'autre part, féminité et passivité, l'enfant peut, s'agissant du garçon, vouloir surpasser son père et, à l'occasion, diriger ses désirs sur sa mère, s'agissant de la fille, vouloir dominer sa mère et déjouer la virilité écrasante du père en jouant de sa séduction ou tenter de se hisser à son niveau en devenant virile à son tour (ce qu'elle croit être une réponse adaptée au désir du père). Cette ambivalence intériorisée donne naissance à l'*hermaphrodisme psychique* que l'on pourrait considérer avec Ellenberger comme l'analyse adlérienne du complexe d'Œdipe. « L'expérience, disait-il (Adler), lui avait montré la grande fréquence chez les névrosés des caractéristiques sexuelles secondaires du sexe opposé. Le malade en éprouve un sentiment subjectif d'infériorité qui le pousse à chercher une compensation sous la forme d'une protestation virile. Le jeune garçon identifiera masculinité et agression, féminité et passivité. Cette protestation virile peut aboutir à l'exhibitionnisme et au fétichisme, elle peut aussi conduire le sujet à essayer de surpasser son père et secondairement à diriger ses désirs imaginaires sur sa mère. »

C'est là l'explication que donne Adler du « thème d'Œdipe » *(Œdipusmotiv)*.

1911 : « Zur Kritik der freudschen Sexualtheorie des Lebens »

Cette étude « critique de la théorie freudienne du psychisme » consacre la différence entre les conceptions de Freud et celles d'Adler.

La théorie freudienne du refoulement telle qu'elle est présentée dans *Psychopathologie de la vie quotidienne* plaisait beaucoup à Adler et est à l'origine de sa collaboration avec Freud. Freud voit dans le refoulement un processus psychique universel ; en même temps que mécanisme de défense fondamentale, le refoulement est à l'origine de la constitution de l'inconscient. Mais quel sens peut prendre le refoulement, s'interroge Adler, si tous les processus à l'origine du dynamisme psychique se réduisent à une seule source, la pulsion libidinale, niant ainsi toute participation de la relation à l'autre ? Il apparaît inconcevable qu'un homme puisse se rebeller contre sa propre nature : les pulsions ne peuvent constituer le fondement stable de la vie de l'homme, faire de la vie l'aboutissement des vicissitudes d'une pulsion plus ou moins frustrée est réducteur. Les pulsions ne sont en fait qu'une tendance ; c'est la société avec ses lois, ses institutions qui constitue le fondement de la vie individuelle, les pulsions deviennent sous son influence ambition déterminée dans l'environnement temporel, spatial et sociétal. La libido définie par Freud, « l'énergie considérée comme une grandeur quantitative de ces pulsions qui ont à faire avec tout ce que l'on peut comprendre sous le nom d'amour », n'a pas l'aval d'Adler car aucune source d'énergie donnée comme grandeur quantitative immuable n'existe, selon Adler. Elle est plutôt changeante, constamment redéfinie par l'influence de l'environnement sociétal *(Gemeinschaft)*. Ce dont il est certain c'est que les instincts ont une possibilité de choix, ils peuvent penser, ont une conscience, connaissent une direction, ont enfin un pouvoir créateur et une intentionnalité. En un mot tout ce que nous trouvons dans la vie psychique du moi est transféré dans la psychologie instinctuelle sur le compte de l'instinct.

Cette étude fut l'objet de trois conférences en février 1911, elle avait pour but de permettre à Adler d'analyser ce sur quoi il était d'accord avec Freud et ce qui l'en éloignait, mais l'esprit de suspicion, l'ambiance fortement polémique du moment ont permis des conclusions hâtives se résumant dans une alternative : instinct sexuel ou volonté de puissance ?

1912 : « Über den nervösen Charakter » (« Le tempérament nerveux »)

C'est en fait une introduction à l'adlérisme, à ce qu'Adler nomme la psychologie individuelle comparée.

Adler, au point de départ de sa doctrine, dans *Compensation psychique de l'état d'infériorité des organes*, insistait sur l'examen « par rapport à une norme fictive, du degré d'efficience des organes et le retentissement de leur insuffisance dans la structure psychique (...) cette même méthode d'une référence à une norme fictive peut être également utilisée dans l'observation des phénomènes psychiques. Si l'organisme se présente comme une unité où tous les appareils et organes agissent dans une parfaite coopération dans le sens du maintien de la vie, les facultés psychiques de l'individu coopèrent de même, en faveur d'une recherche du succès, en fonction d'une idée fictive de la personnalité dont le symptôme névrotique représente la modalité psychopathologique. La plus insignifiante manifestation de la vie psychique est donc déterminée par cette intentionnalité » (H. Schaffer, Préface du traducteur *in* A. Adler, *Pratique et théorie de la psychologie individuelle comparée*).

CHAPITRE II

L'HOMME ET SON CHEMINEMENT INTELLECTUEL

I. — Climat culturel

Alfred Adler a vécu à la charnière de deux siècles, environ trente ans au XIXe siècle et trente ans au XXe, à un tournant capital de l'histoire. La Vienne des années 1870 où naquit Adler était à l'apogée de sa gloire et constituait un des hauts lieux politiques et culturels de l'Europe.

Parmi les grands courants de pensée de l'espace culturel germanophone certains ont imprégné l'éducation d'Adler.

Avec **Karl Marx** (1818-1883) les démunis, les déshérités des systèmes économiques deviennent conscients que leur faiblesse séculaire n'est pas fatale, qu'elle peut être compensée par le nombre et s'avérer une force pour conquérir le pouvoir par la lutte des classes. Si Adler conserve jusqu'à la fin de sa vie une nette bienveillance pour le communisme socialiste (la lutte pour un pouvoir sécurisant est le schéma des mouvements historiques selon Adler), la tournure violente que prendra le communisme en fera, à ses yeux, une tentative échouée de progrès social.

Schopenhauer (1788-1860) a marqué son époque : quatre idées de ce philosophe dont le pessimisme foncier, par ailleurs, ne correspond pas à l'état d'esprit d'Adler se retrouvent dans son œuvre. Le monde qui est une représentation s'appréhende à travers les *perceptions du sujet*. L'image qu'on en a est donc toujours subjective. La brutalité fondamentale de l'état de nature est un fait, hélas, trop bien établi. La vie est un perpétuel combat où chacun est victime des autres : « Le monde est une *entre-mangerie* sans fin » et il est mû par une volonté de vivre à tous les degrés de l'échelle des êtres. Cette volonté de vivre est souvent une volonté de survivre tant bien que mal, car le bonheur est une illusion. Peut-être la pitié qui nous fait partager la douleur universelle et le renoncement à ce monde sont-ils les seules solutions acceptables. Freud, également, salue en Schopenhauer un prédécesseur subtil de la psychanalyse : « Il n'a pas seulement défendu la primauté de l'affectivité et l'importance prépondérante de la sexualité, mais a même deviné le mécanisme du refoulement. »

Nietzsche (1844-1900) est, de loin, le penseur qui a le plus inspiré Adler et Freud : « Les hypothèses de Nietzsche et ses intuitions rejoignent souvent étonnamment les acquisitions laborieuses de la psychanalyse » (Freud, *Ma vie et la psychanalyse*, Gallimard, p. 74). Et Freud ajoute que c'est pour rester libre de toute prévention qu'il a longtemps évité la lecture de Nietzsche. Celui-ci affirmait la nécessité pour le surhomme de se libérer des liens d'esclaves pour s'élever au-dessus du troupeau des médiocres. Nietzsche a pressenti une foule de concepts : la confluence des instincts, la sublimation, la maladie alibi, le refoulement, la projection, la nécessité pour s'orienter de fictions psychologiques et morales (faire comme si...), la bipolarité des désirs, l'amoralité des forces psychologiques, le primat du corps et de l'affectivité, l'importance de la sexualité, la domination du principe de plaisir : « Tout plaisir veut l'éternité, l'éternité profonde. » Il est hors de doute que la personnalité de

Nietzsche et son sentiment d'infériorité ont sensibilisé Adler à ses propres problèmes. Il y a, d'ailleurs, de frappantes ressemblances entre les deux hommes : une nature maladive, une forte sensibilité, une situation familiale contraignante (Adler se sentait écrasé par son frère et sa mère et Nietzsche fut élevé dans un milieu dominé par des femmes à l'éducation stricte). Il met en valeur le rôle de l'intuition et professe une méfiance à l'égard des systèmes philosophiques trop structurés d'où la vie jaillissante est exclue. Il montre la subjectivité dans l'élaboration des connaissances : « Nous choisissons une philosophie non par raison, mais par réminiscence de notre caractère et comme une expression de nos instincts les plus profonds » (Nietzsche, *Carnets*, XVI, p. 164) et « Ce que vaut la vie dans sa totalité, nul ne peut le dire » (*ibid.*, p. 68), Adler ne dit rien d'autre quand il affirme que l'homme est le produit organisé de ses impressions et que personne ne connaît le sens absolu de la vie.

A ce fond commun, Adler a donné une orientation opposée à celle de Nietzsche.

L'influence de **Kant** (1724-1804) sur la philosophie a été prédominante ; il souligne certains aspects repris par Adler ultérieurement : l'unité du psychisme et la valeur de la fiction de l'activité humaine, l'action puissante de forces qui nous dépassent : « Le champ des perceptions sensibles et des sensations dont nous ne sommes pas conscients est illimité. » *L'inconscient* apparaît comme hypothèse dans la littérature allemande avec E. Plattner en 1766 (on trouve le mot « *unconscious* » en anglais dès 1751, et « inconscient » dans un dictionnaire français de 1862 ; Goethe, Schiller et F. W. Schelling l'utilisent comme explication à nos comportements incompréhensibles autrement). **Joan Friedrich Herbart** (1776-1841), soixante-quinze ans avant Freud et Adler, élabore dans son traité de psychologie (*Psychologie als Wissenschaft in Sämtliche werke*, Leipzig, Voss, 1850) une théorie spéculative. Il reprend en partie la théorie de Leibniz qui fut la première théorie de l'inconscient (*Nouveaux essais sur l'entendement humain*, 1704, et *Monadologie*, 1714). Il y a un seuil de conscience en deçà duquel les perceptions sont si infimes, si imperceptibles qu'elles jouent un rôle dans notre vie mentale totalement à notre insu. Ce seuil de conscience est le théâtre d'un jeu de forces entre les perceptions les plus fortes qui passent et repoussent les moins fortes qui essaient de réapparaître à la conscience en s'associant à d'autres perceptions. Au-dessous de ce seuil, s'agite un ensemble organisé de représentations inconscientes.

Carl Gustav Carus (1789-1869), médecin, peintre, philosophe et géologue connu pour ses études sur la psychologie animale et la physiognomonie, établit en 1846 une théorie de l'inconscient. Pour lui, la clé de la connaissance de la vie consciente de l'âme se trouve dans l'inconscient. Sans compréhension de l'inconscient, aucune connaissance de soi-même n'est possible. La tâche du psychologue est de chercher une voie pour descendre dans les niveaux profonds. La définition de la psychologie donnée par Carus préfigure celle de la psychologie des profondeurs : c'est la science du développement de l'âme, du passage de l'inconscient au conscient.

Carus décrit certaines caractéristiques de l'inconscient : il est porteur d'une sagesse innée et trouve la vérité sans intermédiaire, sans essais, sans erreurs ; il est soumis à un déterminisme dicté par des lois strictes ; il est hors de portée de la maladie et contribue à la guérison de l'individu ; enfin, c'est un système de relation avec les autres. Carus voit dans l'inconscient trois couches : l'inconscient général absolu, inaccessible par définition ; l'inconscient partiel absolu qui agit sur la croissance, l'activité des organes et sur la vie affective ; l'inconscient relatif secondaire composé d'affects, d'idées qui ont été conscients et qui ont cessé de l'être.

Carus explore également les rêves, mais en s'attachant plus à la forme qu'au contenu.

Eduard von Hartmann (1842-1906) reprend les idées de Carus en décrivant aussi trois niveaux d'inconscient (*La philosophie de l'inconscient (Philosophie des Unbewussten)*, Berlin, Duncken, 1869) : l'inconscient absolu, l'inconscient physiologique en action dans l'évolution, l'inconscient relatif ou psychologique, à la source de la vie consciente. Il écrit qu'il faut reconnaître une extralucidité à l'inconscient, dans la finalité de l'élan créateur comme dans celle de l'instinct. L'activité inconsciente est même le processus le plus important dont dépende la pensée.

L'instinct sexuel dont l'étude est rendue publique avec la parution par **Richard Krafft-Ebing** de sa *Psychopathia sexualis*, en 1886, est décrit comme une force influant sur la vie individuelle et sociale au niveau de la pensée, de l'affectivité et de l'action. Les traumatismes refoulés peuvent devenir conscients, déformés par des fantasmes. Le désir sexuel ou libido est ainsi étudié sans les tabous et la honte qu'y attachait toute une mentalité. Le terme « libido » est employé par Krafft-Ebing, comme il l'avait été par Theodor Meynert (1889), Benedikt (1868), mais c'est Moll (1898) qui lui donna un sens plus évolutif. Parallèlement, les recherches sur le rêve s'approfondissent. En 1812, **Ignaz Troxer** (*Blicke in das wesen des Menschen*, Sauerländer, 1812) affirme que le rêve est un processus plus fondamental que l'état de veille, parce que le processus onirique fait partie d'une activité continue sous-jacente à la vie consciente dont on ne se rend compte que dans les rêves. Il avait été précédé par **Lichtenberg** (1742-1789), mathématicien et physicien, qui avait écrit que les rêves peuvent conduire à une représentation spontanée de la totalité de notre nature sans la tension que suscite la réflexion élaborée. En 1861, paraît le livre d'un grand pionnier de l'exploration de la vie onirique :

La vie du rêve de **Scherner** (*Das Leben des Traums*, Berlin, Schindler, 1861). Il pose comme principe que l'activité psychique s'exprime en images dans le rêve et qu'il est possible de les interpréter. Il distingue deux sortes de détermination des rêves : la stimulation corporelle et stimulation mentale. Il décrit les trois étapes du rêve : endormissement, sommeil profond et éveil, ainsi que son organisation interne : décentralisation, dissolution, régression et manifestation de l'imagerie onirique. Il explique le symbolisme par l'activité de tel ou tel organe ou la maladie : un hyperfonctionnement des poumons peut provoquer des rêves de vol ; des modifications cardiaques ou circulatoires peuvent induire des rêves de trafic dans la rue. Il accorde à la maison une valeur symbolique prépondérante : celle de représenter le corps dont chaque partie correspond à une partie de la maison. Le symbolisme sexuel y est décrit pour l'organe mâle par des flûtes, des couteaux, des armes pointues, de hautes tours et pour l'organe femelle par une cour et des escaliers.

F. W. Hildebrandt, en 1876 (*Der Traum und seine Verwertung für's Leben*, Leipzig, Reinboth, 1876), montre que le rêve peut avoir une utilisation dans la vie et il distingue quatre cas : le rêve, par sa douceur, sa beauté peut agir en réconfort sur le rêveur ; le rêve peut expliciter certaines idées entrevues obscurément pendant l'état de veille. Le rêve peut donner un « gros plan » d'une tendance, une pensée moralement inacceptable qui apparaît ainsi clairement ; le rêve peut avoir une valeur prémonitoire dans les cas de maladies, par exemple.

W. Robert (*Der Traum als Naturnotwendigkeit erklärt*, Hamburg, Seippel), en 1886, insiste sur le rôle nécessaire du rêve car, selon lui, rien ne se fait sans nécessité. Point de vue très adlérien et en ce qui concerne le rêve dont le mécanisme a été bien étudié. S'il existe, c'est qu'il a une fonction biologique. Selon Robert, il s'agit d'un processus de nettoyage mental. On rêve pour éliminer les pensées qui encombrent son esprit. C'est ce qu'il nomme le « travail du rêve » qui consiste à intégrer nos idées à des souvenirs ou à les oublier. Rejoignant les recherches ultérieures sur le sommeil paradoxal, Robert déclare qu'une personne empêchée de rêver présenterait des troubles psychiques, ces troubles étant déterminés par le genre de préoccupation non encore éliminée par le rêve.

Hors de l'espace linguistique allemand, des idées nouvelles circulaient dans l'intelligentsia européenne et particulièrement en France et en Grande-Bretagne. Parallèlement aux études sur le rêve en Allemagne, paraît en 1861, la même année que le livre de Scherner, celui d'**Alfred Maury** qui s'appuie sur l'étude très circonstanciée de ses propres rêves. Il y note le rôle de la stimulation sensorielle : changement de température, de régime alimentaire, de bruits entendus en état hypnagogique, d'odeurs respirées. Il ne réduit pas, néanmoins, la production de rêves à la simple stimulation sensorielle. Il s'aperçoit que les images oniriques n'apparaissent pas au hasard, mais se rapportent à des souvenirs oubliés, quelquefois datant de la prime enfance (*Le sommeil et les rêves*, Paris, Didier). En 1867, paraît l'ouvrage très complet et très cité d'**Hervey de Saint-Denis** (1823-1892) (*Les rêves et les moyens de les diriger*, Paris, Amyot, 1867). C'est une étude de ses propres rêves s'étendant sur toute sa vie, la première aussi complète jamais publiée. Il y raconte comment il s'est entraîné pendant 1 946 nuits à reproduire des rêves, à être conscient qu'il rêvait, à se réveiller pour les noter, à se concentrer sur une partie du rêve et de les diriger partiellement. Comme Maury, il accorde à la mémoire un rôle majeur dans la production des rêves. Il émet l'hypothèse que l'absurdité des rêves peut venir de la perception rapide et confuse de l'événement qui est à l'origine du rêve ; il peut s'agir de la superposition de plusieurs souvenirs (condensation serait le terme actuel). Cela peut également être aussi dû à l'abstraction : un élément est extrait d'une idée et attribué à une autre. Un conflit intérieur peut se traduire par une conversation entre plusieurs personnes, symbole du tiraillement de la personnalité. Hervey de Saint-Denis accorde un rôle important à l'imagination créatrice, dépassant la simple reproduction d'images souvenirs. Un rêve peut apporter une solution à un problème ; il peut témoigner d'une grande valeur esthétique.

En 1891 le biologiste français **Yves Delage** (Essai sur la théorie du rêve, *Revue scientifique*, et *Le rêve, étude psychologique*, PUF, 1919) s'interroge sur ce dont nous ne rêvons pas. Il constate que les événements qui préoccupent pendant la journée n'apparaissent pas en rêve. Seuls font l'objet de rêves les actes et les pensées inachevés, imparfaits et le rôle du rêve serait de les terminer d'une manière ou d'une autre. Il admet des chaînes d'associations de souvenirs récents réactualisant d'autres plus anciens.

Pierre Janet (1859-1947), de l'aveu même d'Adler, a eu une influence marquante sur les développements de la pensée adlérienne. Dans ses observations sur la neurasthénie et ses obsessions, il précise la notion de *force psychologique* (quantité d'énergie psychique dont on dispose). Cette force qui permet d'accomplir des actes nombreux, prolongés et rapides est manifeste ou latente. Passer de la forme latente à la forme manifeste correspond à la mobilisation de cette force. Il distingue cette force psychologique de la tension psychologique qui est la capacité d'utiliser son énergie à un niveau plus ou moins élevé d'opérations de synthèse. Il y a ainsi des actes simples exigeant une tension assez basse ; ils demandent moins d'efforts, ils sont moins coûteux. Janet pensait pouvoir établir ainsi le « budget d'un esprit ». Bien des idées de Freud existent chez Janet sous des noms différents. Sous le terme de « système psychologique associé » il décrit les régions « inconscientes » où les émotions réprimées et oubliées jouent un rôle capital. Sous le terme « dissociation, souvenirs dissociés » dont il dit que « les choses se passent comme si un système partiel de pensées s'émancipait et se développait indépendamment du reste de la personnalité », il décrit la notion de *complexe*; sous le terme de « rétrécissement de la conscience », il fait allusion à la notion de *refoulement*. La cure, elle, consiste à rendre conscients les éléments réprimés, c'est la *désinfection morale*. Mais c'est surtout dans ses études sur la psychasthénie et leurs développements dans le « sentiment d'incomplétude » que le lien se remarque. « Sentiment d'incomplétude » dont Adler a dit qu'il correspondait parfaitement avec ses propres recherches. Le psychasthénique comme le « Nerveux » d'Adler est mécontent de lui-même, anxieux, déprimé, incapable de jouir pleinement du bonheur et du plaisir. Persuadé de sa faiblesse, il vit en retrait des autres, ressent un sentiment de vide social et affectif, qu'il ne cherche pas à combler ; il vit en état subjectif constant d'hypotonie.

En Angleterre, **Darwin** (1809-1882) présente, en 1859, sa thèse révolutionnaire de « L'origine des espèces par voie de sélection naturelle ». Il fait reposer la progression de la vie sur l'idée d'évolution et de lutte pour la vie *(Struggle for life)* où le plus fort élimine le plus faible : Adler développera ces deux idées ; l'histoire du progrès du sens communautaire s'inscrit dans l'évolution de l'être humain et la lutte pour la sécurité, la supériorité, représente l'effort intense et constant de l'individu pour s'affirmer, se positionner face aux autres. **Maudsley** (1835-1918), de son côté, fait de la sexualité la force motrice des sentiments sociaux ; elle donne une impulsion à l'énergie physique, à la morale, aux sentiments esthétiques et religieux ; on la trouve à la base des arts. Le rêve est plus fondamental que la veille.

II. — Itinéraire personnel

Bien qu'un moralisme conservateur, reflet de la bourgeoisie dominante, en soit également l'expression, la deuxième moitié du XIXe siècle est caractérisée par un vigoureux dynamisme en bien d'autres domaines. C'est avant tout le siècle de la foi dans la science qu'on n'est pas loin de croire omnipotente et dans l'instruction qui peut rendre meilleurs les hommes. C'est l'expansion de la civilisation européenne en Afrique, en Asie, en Océanie et en Amérique du Nord restée à l'abri des Blancs, expansion rendue possible par la suprématie donnée par l'industrialisation. C'est l'époque où des théoriciens tentent d'organiser le prolétariat d'Europe : Charles Fourier (1772-1837), Louis Blanc (1811-1882), Pierre-Joseph Proudhon (1809-1865) et Etienne Gabet (1788-1856) en France et Robert Owen (1771-1858) en Grande-Bretagne qui forment des associations coopératives au service de tous, et d'autres qui prônent des doctrines plus étatiques : Léonard Simond de Sismondi (1773-1842), Johann Karl Rodbertus (1805-1875), Ferdinand Lassalle (1825-1864). Cette époque est bien celle de l'enfantement d'une aube nouvelle dont les interrogations : éducation des masses, vie abyssale de l'homme, espoir socialiste d'une vie meilleure, vont imprégner Alfred Adler. La doctrine d'Adler est le témoin de sa propre histoire parallèlement à la marche du siècle.

1. Vie d'Adler.

Enfance. — Originaire du Burgenland, région située entre l'Autriche et la Hongrie, le père d'Alfred Adler, Léopold Adler, depuis son mariage avec Pauline Beer, habita, tour à tour, Penzing où naquit Alfred, le

7 février 1870, et d'autres localités qui se trouvaient aux environs de Vienne où Alfred Adler passa la plus grande partie de sa vie. Ses parents étaient juifs, mais bien que la famille ait fréquenté la synagogue, l'imprégnation religieuse juive ne dut pas être très profonde, puisque deux de ses frères se convertirent au catholicisme, qu'un autre se dit « sans religion » et qu'Alfred lui-même se convertit au protestantisme en 1904. Il expliqua plus tard l'existence de Dieu en termes de mythe compensateur de la faiblesse humaine et du besoin d'un soutien omnipotent, providentiel, infini.

Second d'une famille de six enfants, Adler a expérimenté concrètement ce qui allait devenir sa théorie de la *fratrie*. Sigmund, l'aîné, lui reprochait d'être devenu le favori de son père et ainsi de l'avoir détrôné. Alfred lui paraissait querelleur et ambitieux. Sigmund était intelligent et très doué. Alfred ne pouvait s'empêcher de ressentir l'impression désagréable de vivre à l'ombre d'un aîné modèle, indépassable malgré tous les efforts qu'il faisait. Juste après lui venait Hermine, née en 1871, à qui il voua beaucoup d'affection et qui, de son côté, l'admirait. La naissance de Rudolph, deux ans après lui, fut difficile à supporter, car l'attention portée au nouveau-né et dont il bénéficiait à cause de son état maladif lui parut un lâchage, un abandon dont il dira plus tard : « Je me sentais détrôné et me tournais vers mon père. » Mais Rudolph mourut l'année suivante de la diphtérie. Cette mort l'affecta profondément. Sa santé, d'ailleurs, était toujours fragile et sa constitution rachitique le rendait un peu gauche et maladroit.

La position de cadet apparut à Adler vraiment inconfortable. Bloqué par un aîné brillant, il est sans cesse remis en cause par celui qui vient juste après et qui, rivalisant avec lui, l'oblige à des efforts constants pour ne pas se sentir dépassé.

Le couple parental était assez contrasté. Il trouvait à sa mère peu d'humour, peu de spontanéité et il ne se sentait pas beaucoup d'affinités avec elle, bien qu'elle fût une excellente femme d'intérieur et qu'elle s'occupât avec sérieux de sa famille. Adler lui reprochera même, plus tard, de l'avoir « couvé » et de ne pas lui avoir laissé assez de responsabilités. Elle restera, à ses yeux, son *Gegenspieler* (ce sur quoi on mesure sa force). A vrai dire, les relations privilégiées se trouvaient du côté du père qui l'encourageait à aller de l'avant, à se dépasser et qui le conseillait utilement. La vacuité de ses relations avec sa mère a peut-être joué un rôle dans l'importance qu'il donne à la mère dans la naissance de l'affectivité. Cela lui a sûrement manqué. Il se comportait à l'école comme ceux dont il décrira le sentiment d'infériorité : il se croyait laid et se tenait isolé dans un coin. Son émotivité se manifestait par des réponses hésitantes aux questions orales et il perdait facilement le fil de ses idées. Les cursus scolaires et universitaires, plutôt neutres, nous montrent un esprit à la maturation lente, devenu brillant et performant vers la quarantaine. La fragilité de sa santé, son manque d'assurance, le peu de profondeur de ses relations avec sa mère, sa vie avec ses frères et ses sœurs révèlent que ses théories de l'origine organique de l'infériorité et du dépassement de cette infériorité, de la fratrie, du rôle irremplaçable de la mère dans l'éveil affectif et social de l'enfant ont été une expérience de son vécu avant de devenir objets de théorisation.

2. **L'orientation d'Adler en médecine sociale.** — Vers une approche analytique de la pensée socialiste.

Sa clientèle initiale (il avait dû chercher un quartier populaire pour ouvrir un cabinet, au 7, rue Czernin, après des revers de fortune familiaux) l'amena à dépasser l'aspect purement médical pour s'interroger sur les implications sociales et politiques. C'est ainsi qu'il fréquenta de nouveau des réunions politiques. En effet, étudiant (1888-1895), il avait rejoint un groupe socialiste, où, participant plutôt passif, il s'était intéressé aux conceptions marxistes (Carl Furtmüller, *Alfred Adler, a biographical essay*). Ses profondes sympathies pour le socialisme poussèrent Adler à s'engager dans l'action sociale. L'année suivante, en 1898, il publia dans le cinquième volume d'une série de monographies consacrées aux maladies professionnelles, du Dr Golobiewski de Berlin, un petit ouvrage de 31 pages, *Le livre de santé pour le métier de tailleur*. Cette brochure est le premier témoignage écrit des préoccupations d'Adler : une médecine sociale, une hygiène sociale. De telles idées préoccupaient les esprits à Vienne, où le Premier Ministre Taaffe élabora, en 1883, une nouvelle législation du travail qui prenait en compte la santé des ouvriers. En 1897, Karl Lueger, du Parti socialiste chrétien, entreprit d'améliorer l'hygiène publique dans la capitale : création de parcs, de jardins, d'hôpitaux, de services d'ambulances, de bains publics.

Adler en arriva à penser qu'une dimension sociale de la médecine est inévitable. Dans cet ouvrage de 1898, Adler montre les rapports entre les conditions de travail, les conditions économiques du travailleur et la maladie, dans un métier donné, ainsi que les incidences pour la santé publique. L'Etat aussi a tout à gagner à avoir des travailleurs sains, comme le travailleur à avoir un travail sain. Il critique la pratique médicale qui ne soigne ponctuellement que l'aspect somatique, sans en voir les causes plus complexes. Il veut amener le médecin à traiter la maladie « en situation sociale ». Certaines maladies sont inhérentes au métier et s'occuper de la santé physique, en éludant l'aspect socio-économique, est une réponse inadéquate au problème de la santé des ouvriers. Les idées soutenues dans cet opuscule de 1898 furent reprises dans de nombreux articles, très « socialistes », publiés entre 1898 et 1904 entre autres dans la revue médicale viennoise *Aerztliche Standeszeitung* d'Heinrich Gruen. Dans l'un de ceux-ci, paru le 15 octobre 1902, « Une chaire d'Université pour la médecine sociale » (« Eine Lehrkanzel fuer Soziale Medizin »), il souligne la nécessité de donner aux pauvres des soins médicaux valables, et propose la création d'un organisme officiel qui favoriserait l'assurance vieillesse et l'assurance chômage obligatoires.

Cette période d'idéologie médico-politique a commencé avant 1902 et se continuera après la rencontre avec Freud. Précurseur dans ce domaine, mais minoritaire dans le monde médical d'alors, Adler avait devant lui un vaste champ d'investigations. Il ne visait à cette époque qu'à une plus grande efficacité thérapeutique et se contentait de prescrire des mesures, sans jamais envisager l'élaboration d'un système théorique.

3. **De la médecine sociale et politique à la psychologie médicale (1902-1904).** — C'est une période marquante dans la vie d'Adler, marquante pour deux raisons : une déception et une rencontre. Le réalisme du Dr Adler doit s'incliner, peu à peu, devant une réalité, triste à ses yeux : malgré sa conviction et l'enthousiasme actif de la classe politique socialiste, il apparaît que la société est statique. A part quelques réformes comme la modernisation d'installations publiques, rien de fondamental ne vient concrétiser les espoirs d'Adler. Le corps médical dans son ensemble n'est pas prêt à intégrer le vécu social dans la pratique médicale. Les mentalités ne semblent pas mûres pour l'institutionnalisation de telles conceptions, et petit à petit, Adler va, sans renier ses convictions, passer du domaine politico-médical à une psychologisation de sa pratique médicale.

Pendant ces deux premières années de la collaboration avec Freud (1902-1904), la série d'articles commencée en 1898 va se prolonger dans l'*Aerztliche*

Standeszeitung. La cessation de cette collaboration correspondra à la fin d'une illusion. Tous les articles écrits entre 1902 et 1904 reprennent les thèmes déjà abordés et ce, dans un même esprit :

— En novembre 1903 : « *Aide de l'Etat ou aide individuelle* ». C'est vraiment, ici, la première fois qu'Adler exprime des doutes sur l'action entreprise. La technocratie et la bureaucratie détiennent les vrais pouvoirs et ce sont des pouvoirs réticents à tout changement. Adler en appelle aux médecins eux-mêmes pour contrecarrer les immobilistes. Mais l'Etat peut-il vraiment quelque chose ? Le veut-il vraiment ? On peut en douter. « Aucun gouvernement ne peut rien réaliser de plus que de s'occuper des affaires des couches politiquement influentes dont il perçoit l'intérêt » (juillet-août 1904, *Le Médecin comme éducateur* (3 numéros réimprimés en 1914)). Découragé de voir ses critiques et ses suggestions se heurter à l'immobilisme politique, Adler donne la priorité à l'action thérapeutique individuelle. Avant tout, le médecin est un guide, un conseiller social et c'est à travers cette idée éducative qu'il peut optimiser son action thérapeutique, sociale et éducative. Adler fait ainsi l'expérience de l'échec de l'action socio-politique, mais cet échec marque un changement d'orientation ; puisque la société se révèle impossible à modifier, c'est l'individu lui-même qui doit changer.

4. **Le cercle freudien.** — Dans quelles circonstances Freud et Adler se sont-ils rencontrés ?

Adler connaissait-il Freud auparavant ? Qu'est-ce qui a poussé Freud à l'inviter dans son cercle ? Qu'est-ce qui a poussé Adler à se rendre à son invitation ? En fait, on manque de détails à ce propos. La seule information certaine est la suggestion faite à Freud par Stekel, enthousiasmé par son analyse avec celui-ci, d'inviter Alfred Adler à l'automne 1902.

Mais pourquoi exactement ? Orgler rapporte que Freud avait fait une conférence à la Faculté de Médecine de Vienne à laquelle assistait Adler. L'exposé avait été accueilli d'une façon peu favorable et, furieux, Freud était sorti avant le début de la discussion. Adler aurait été parmi les défenseurs vigoureux du Dr Freud. Par la suite, Adler publia un article déclarant qu'il fallait examiner avec intérêt les idées de Sigmund Freud. Furtmüller reprend à son compte cette version. On n'a malheureusement pas de précision sur la conférence en question, ni sur l'article publié. De même, on ne peut affirmer rien de précis sur l'autre version adlérienne selon laquelle la *Neue Freie Presse* aurait ridiculisé, dans un de ses articles, le livre de Freud : *L'interprétation des rêves* (1900), et qu'Adler aurait envoyé au journal une lettre de protestation, qui fut publiée. Ni Ernest Jones (*Vie et œuvre de S. Freud*, 1955), ni Ellenberger (*A la découverte de l'Inconscient*, 1970) n'en ont trouvé traces. Toujours est-il qu'à l'instar de Stekel, de Ferenczi, le livre de *L'interprétation des rêves* a littéralement enthousiasmé Adler qui, rapporte Furtmüller, déclara admirativement : « Cet homme a quelque chose à dire. » Sans se prononcer sur le bien-fondé de ces versions, on peut imaginer qu'ils n'étaient pas sans avoir entendu parler l'un de l'autre. De même, on ne sait rien de précis sur les raisons d'Adler d'accepter la proposition : curiosité ? désir d'en savoir plus sur « l'homme qui avait quelque chose à dire » ? désir de trouver un « spécialiste du psychisme » ? Et il ne faut guère compter sur les déclarations de chacun, longtemps après, au temps des souvenirs consignés dans leurs écrits postérieurs. C'est l'oubli, l'occultation ou la franche révolte, comme celle d'Adler, ne supportant pas du tout le malentendu initial : « Freud m'a invité, non en élève, mais en égal. » « Je n'ai jamais été élève, ou disciple ou partisan de Freud. Dès le départ, je n'étais pas d'accord. Je le lui avais dit dès le début ; j'avais mes propres opinions.

Mais Freud a insisté, disant qu'on pouvait essayer de travailler ensemble et que peut-être, on arriverait à un accord. Ce fut quand le désaccord fut évident et que je quittais le groupe, que Freud répandit la version du disciple qui "claque la porte". » Faut-il y voir un refus de toute influence ou la juste colère de quelqu'un à qui on réserve toujours un rôle secondaire. En tout cas, c'est un rôle qu'il assume mal. Il s'en plaindra, vers 1910 : « Pourquoi suis-je toujours le second ? » (cité par Phyllis Bottone). Et qu'est-ce qui a réellement incité Freud à accepter l'idée d'une invitation d'Adler ? Le désir de travailler ensemble, comme le déclare Adler, ou le désir de trouver un « supporter complaisant » (Freud, *Cinq leçons sur la psychanalyse*, PPB Payot, p. 94). « En 1902, il se forma, autour de moi, un groupe de jeunes médecins dans le but avoué d'apprendre la psychanalyse et de la répandre ensuite. » Ou quelle autre motivation ? Il est malaisé de s'en faire une idée nette. L'enthousiasme de Stekel pour la psychanalyse, après son traitement auprès de Freud, pourrait laisser penser que l'idée de création d'un groupe de discussions, plus ou moins dogmatisant et propagandiste, n'est pas tout à fait étrangère à Stekel et peut-être à Freud. L'invitation semble avoir été acceptée sur un malentendu : contribuer à une recherche d'une compréhension plus globale et plus profonde de l'être humain pour Adler, former, avec des personnalités de valeur, un groupe de soutien pour une doctrine, déjà bien élaborée, pour Freud. Quelles qu'en soient les raisons, la rencontre avec Freud arrive au moment de la dépolitisation d'Adler. Le réalisme d'Adler a dû s'incliner, peu à peu, devant la triste réalité d'une société statique. C'est la fin d'une illusion. La psychanalyse va prendre la relève de la politique.

Adler arrive dans le cercle de Freud, précédé de la réputation d'un habile praticien, qui sait écouter et qui ne limite pas ses observations à l'état physique. On le sait socialiste, ouvert aux idées d'égalité de l'homme et de la femme, à l'importance des premières années pour l'équilibre affectif, aux influences de la société sur l'individu, à un idéal social. Il a commencé vers 1900 à travailler sur les déficiences organiques et leurs conséquences psychiques.

Si l'on excepte les six derniers mois pendant lesquels Adler se contenta d'assister aux séances sans y participer vraiment, la collaboration active avec Freud dura huit ans et demi. Surgissant au moment crucial de la déception d'Adler vis-à-vis de l'action politique sociale, l'invitation de Freud, par sa réorientation vers un univers plus personnel, plus profond, va jouer un rôle irremplaçable dans l'élaboration de la pensée adlérienne. Pour éviter toute simplification sur la formation de cette pensée, il importe de ne jamais sous-estimer trois points : 1 / les bases sur lesquelles s'organisait l'action d'Adler de 1895 à 1902 : prise en charge du malade dans son contexte social, compensation de l'infériorité somatique par la vie du psychisme, l'importance de l'éducation comme prophylaxie mentale ; 2 / sa conviction de participer à l'élaboration de la psychanalyse excluant toute écoute docile d'un disciple admiratif et 3 / l'adoption de la méthode freudienne (amnammèse, catharsis, associations libres, exploration de l'inconscient) et le peu de prise sur lui de la doctrine de Freud en ce qu'elle avait de spéculatif, et ce depuis le début de leur travail en commun. A travers cette collaboration avec Freud, la clarification des idées d'Adler est un processus évolutif. Néanmoins, on peut y distinguer trois périodes. De 1902-1904, ce fut, pour Adler, le passage d'une médecine sociale à une psychologie médicale. D'une part, il continua sa collaboration commencée en 1898 avec Heinrich Gruen, directeur de la *Aerztliche Standeszeitung*, et, d'autre part, il inaugura avec Stekel, Max Kahane et Rudolf Reitler, les réunions du mercredi chez Freud.

Les articles écrits entre 1902 et 1904 ont des caractéristiques communes. Ils s'articulent sur des thèmes antérieurs : prolongements sociaux de la médecine, intervention d'une prévention des troubles, importance d'une éducation des masses, intégration à la politique d'actions axées sur l'amélioration du cadre de vie. Le dernier (juillet-août 1904), « *Le médecin comme éducateur* », inaugure la restructuration de son action. La responsabilité des médecins est très vaste : guider les parents dans l'éducation de leurs enfants pour leur éviter de les surprotéger ou d'abuser des sanctions et ainsi assurer à l'enfant une bonne image parentale, gage d'équilibre futur. En outre, le médecin se doit de porter son attention sur les enfants peureux, inquiets, trop sensibles, qui seront les vaincus de demain. Adler attribue au médecin un rôle prescriptif et normatif.

L'importance de l'éducation se révèle ici tout au long de la mise en place des aspects théoriques, elle gardera cette place prééminente. On voit s'imposer une typologie de l'enfant prédisposé à la névrose, accompagnée des attitudes favorisant une éducation positive (encouragements, courage face à la vie).

1) Pour la première fois, apparaît une double référence à Freud : les premières impressions chez l'enfant sont capitales pour son comportement futur, et l'existence d'une certaine sexualité infantile. A part ces quelques lignes de Stekel (*Autobiography*, p. 116, New York, Limeright, 1950), nous ne savons rien de précis sur les échanges intellectuels entre les cinq membres du cercle viennois : « Ces premières soirées étaient vivifiantes, l'harmonie était complète entre nous cinq. Nous étions si captivés par ces réunions, après dîner, que nous décidâmes de n'adjoindre de nouveaux membres qu'avec notre consentement mutuel. » De ce que les participants diront plus tard, il semble que Freud apprécia rapidement Adler qui reconnaît à Freud une

position de spécialiste dans l'exploration des profondeurs du psychisme.

2) Les années 1905 à 1908 marquèrent l'émergence de la pensée personnelle d'Adler sous forme d'orientation constante de la psychanalyse vers le social (pédagogie, aspects sociaux et politiques). La parution en 1907 d'*Etude sur l'infériorité des organes et leur compensation psychique* concrétisa une idée sur laquelle il travaillait depuis plusieurs années : l'explication du psychique par le somatique. Tous les organes n'ont pas la même efficacité fonctionnelle, ni la même résistance aux diverses agressions, chacun a son seuil de tolérance et quand celui-ci est atteint apparaissent des symptômes pathologiques et des déficiences. Cette fragilité est héréditaire. L'ouvrage fut bien accueilli par bon nombre de participants du cercle et par Freud qui y souligna l'intérêt de trois thèmes : la compensation, l'idée d'un refoulement qui s'opère sous la forme d'une superstructure psychique et l'idée que l'enfant cherche le plaisir partout pour y renoncer, en partie, plus tard. La notion d'infériorité organique ne quittera plus les interprétations d'Adler qui publia un autre livre, en 1908, *La pulsion d'agression dans la vie et la névrose*, articulé sur les idées développées en 1907. Chaque pulsion prend sa source dans l'activité d'un organe. Plus l'organe est déficient, plus forte est la pulsion. L'agressivité peut se manifester telle quelle, sublimée, transformée en son contraire à la suite d'une inhibition retournée contre soi-même ou déplacée vers un autre but. Cet ouvrage rencontra l'approbation de Freud qui y vit une description de la libido et qui confirma par là son accord avec Adler sur de nombreux autres points. Il est vrai qu'à cette époque Adler utilise une terminologie freudienne orthodoxe et l'apparition d'idées nouvelles, chez lui, passait pour une contribution compatible avec la recherche psychanalytique.

Ainsi apparaissent la continuité entre le normal et le

pathologique, le projet de vie à élaborer au cours de l'analyse, la situation inférieure de la femme explicable, non par une absence de pénis et par ses conséquences mais par la vision dominatrice du mâle. De même, Adler sous-estime le traumatisme initial dans la genèse de la névrose. Il insiste sur la non-nécessité d'explorer tout le matériel psychanalytique sans risque pour le succès de l'analyse et le passage du principe de causalité à celui de finalité dans l'explication des symptômes. Ces nouvelles tendances ne prennent de l'ampleur que par ce que nous savons de leur destin ultérieur. On a souvent, par erreur, souligné le peu d'importance de la sexualité pour Adler. Or, tant à l'époque préfreudienne qu'à celle de sa collaboration à la psychanalyse, et ensuite, celle-ci est souvent mentionnée comme importante. Mais Adler la voit plus comme une composante sensible de la personnalité sur laquelle se reflètent facilement les perturbations du psychisme que comme la force motrice genèse universelle de tous les comportements et de tous les dérèglements.

3) Dans la dernière période de présence d'Adler dans le cercle de Freud (1909-1911), les doutes engendrés par les nombreuses divergences d'orientation d'Adler ne pouvaient plus rester cachés et parmi les membres se posait vraiment, pour la première fois, la question de la compatibilité de sa pensée avec celle de Freud. Certes, Adler pensait toujours contribuer sincèrement à la recherche psychanalytique et il n'était pas le seul. Il recevait des encouragements ; certes le langage et la méthode de cure restaient psychanalytiques, mais en dépit de sa nomination, le 6 avril 1910, à la présidence de la société viennoise, le discours dans les présentations de cas et les interprétations cliniques révélait un fondement théorique, strictement personnel, qui s'inscrivait dans des cadres de pensées antérieurs.

Il devenait de plus en plus facile, entre 1910 et 1911, pour Freud et certains membres comme Hischmann, de démontrer clairement les différences et les oppositions entre les vues orthodoxes et celles d'Adler. On assistait, à ce moment, à la confrontation de deux psychanalyses : « la psychanalyse en recherche » d'Adler et la « psychanalyse établie » de Freud. Leur coexistence ne se pouvait pas être de longue durée.

Les interventions d'Adler dans le *Zentralblatt fuer Psychoanalyse* et le *Jahrbuch fuer Psychoanalytische Forschungen*, « La représentation masculine chez les névrosées » (1910), « Contribution à l'interprétation des phobies » (1910), « Contribution à la compréhension de la résistance » (1910), s'appuient sur des schémas théoriques s'inspirant des écrits antérieurs (infériorité des organes, 1907, et pulsion d'agression, 1908), schémas qui se veulent l'articulation entre le biologique, le psychologique et le social.

Néanmoins, jusqu'en 1910, Freud fut assez réceptif et tolérant. Ni lui, ni Adler ne cherchaient à dégrader la situation. Adler était, d'ailleurs, un personnage trop marquant dans le cercle freudien pour que Freud essayât d'envenimer publiquement les relations. Mais, à titre privé, dans sa correspondance avec Jung il ne s'en privait pas.

Dans une conférence, « L'hermaphrodisme psychique », le 23 février 1910, Adler pose comme hypothèse que chez le névrosé, la tendance du sexe opposé semble se présenter comme une composante de la pulsion sexuelle. La société tend à présenter le masculin comme supérieur et le féminin comme inférieur. Cette optique, explicite ou implicite, ne fait que perpétuer une mentalité très ancienne et imprègne la vision que l'enfant se forme du monde où il vit. Pythagore disait déjà : « Il y a un principe bon qui a créé la lumière, l'ordre et l'homme et un principe mauvais qui a créé les ténèbres, le chaos et la femme » et Aristote pensait que « la femelle est femelle en vertu d'un certain manque » ; quant aux pères de l'Eglise, rien ne leur paraissait plus monstrueux que la femme. Tertullien écrivait : « Femme, tu es la porte de diable » et saint Jean Chrysostome : « Parmi toutes les bêtes sauvages, il n'en est pas de plus nuisible que la femme. » Si les conditions d'éducation n'ont pas favorisé la prise de conscience que les sexes sont égaux, l'enfant et, plus tard, le névrosé qui par nature hésite à s'assumer va hésiter à adopter la mentalité de son sexe et il va adopter les conduites du sexe jugé inférieur, c'est-à-dire le sexe féminin.

Ainsi les traits « féminins » (doute, passivité, masochisme, inquiétude, hypersensibilité, pessimisme, culpabilité, irrésolution) deviennent dominants dans les cas d'infériorités.

Les idées comme celle de protestation virile (révolte contre la situation d'infériorisé et recherche des avantages supposés du mâle tant chez la femme que chez l'homme) ou celle d'unité des névroses prises isolément sont de réelles contributions à une recherche psychanalytique générale et Freud ne s'y trompe pas qui, malgré de fréquentes réserves, approuve Adler.

Mais quand ces notions s'articulent dans un ensemble dont les prémisses et les conséquences sont différentes de celle de Freud, celui-ci ne peut qu'affirmer très haut son opposition. « Il est notoire qu'Adler s'oppose un peu à cette conception sexuelle » (3 février 1909), « Adler donne trop d'importance à la biologie » (23 novembre 1910), « la position sexuelle et biologique d'Adler est en opposition avec la conception psychanalytique » (4 mai 1910), encore qu'à cette même époque (23 novembre 1910) Freud trouvât dans les conférences d'Adler « un ensemble de remarques perspicaces, conceptuellement bien distinctes, qui jette une lumière vive sur les faits ». Tout se passe comme si la contribution d'Adler qui aurait pu s'intégrer à la pensée de Freud restait dans l'optique qui a toujours été la sienne : compensation sociale des infériorités. Mais, sur le moment, les choses paraissaient si peu claires à tous les membres du groupe viennois qu'Adler proposa le 6 avril 1910 de dissiper les malentendus, proposition reprise par Hitchmann le 16 novembre 1910.

Cela devenait nécessaire. Deux conférences furent prévues : le 4 janvier 1911 : « Problèmes controversés de la psychanalyse : le rôle de la sexualité dans la névrose » et le 1er février 1911 « La protestation masculine, rôle et signification dans la névrose. » Deux séances (le 8 et le 22 février 1911) devaient être consacrées à leur discussion.

4) La rupture : En fait sous le terme « discussion », « clarification des idées », il s'agissait ni plus ni moins pour Freud et Adler d'affirmer leur point de vue respectif. Les concessions de fond étant exclues, il ne restait qu'un vague espoir de compromis. Les esprits n'abordaient pas cette confrontation dans une sérénité scientifique. Les questions de personnes ne pouvaient d'ailleurs, qu'envenimer la passion intellectuelle. En effet, selon Jones et Furtmüller, Adler, le deuxième dans le cercle, n'avait jamais pu établir de relations profondes avec Freud et, en outre, il supportait mal cette place d'éternel second. Les divergences remarquées dès 1909 étaient devenues un orage latent en 1910 (« la conception d'Adler diffère de celle purement psychanalytique ») qui éclate en contre-attaque généralisée violente (Franz Wittels, *S. Freud, his personality*, New York, Allen and Unwin, 1924), en mise en accusation en règle. Freud passait des « réserves de principe » (terme de Freud) à un rejet de principe. Bien que conservant un très vague espoir : « Mais où Freud veut-il en venir ? Veut-il transiger avec moi et accepter mes idées ? » (après tout, beaucoup d'idées étaient communes aux deux hommes, Freud faisait souvent l'éloge d'Adler et celui-ci avait des sympathisants), Adler était sur ses gardes.

Conférence du 4 janvier 1911 : Adler exposa son point de vue en le comparant à celui de Freud. La simple discussion des idées de Freud faisait figure de provocation. Le résultat fut qu'à côté de certains points admissibles pour Freud, l'ensemble devenait une explication psychanalytique parallèle et étrangère à la doctrine établie. Malgré le soin pris par Adler pour souligner que son travail se situait dans l'optique psychanalytique (« Freud a été mon maître », « la renaissance de la psychologie, différente de la psychologie académique est due à Freud », « le germe de certaines de mes idées est contenu dans les théories de Freud »), l'argumentation visait un point capital de la doctrine de Freud : la limitation de la pulsion sexuelle et la relativité de la libido. Adler se refuse à examiner la pulsion sexuelle isolée ; il l'intègre aux autres pulsions. La libido subit les fluctuations de toute la personnalité, comme les autres pulsions, elle ne peut donc être considérée comme le moteur propulseur. En outre, il n'est pas biologiquement possible de maintenir que chaque instinct comporte un élément sexuel, y compris l'instinct d'alimentation, le besoin de toucher. La libido est donc relative. Le rêve est l'accomplissement d'un désir et exprime une recherche de sécurité. Il n'y a rien en lui d'essence sexuelle.

Adler n'avait jamais accepté l'idée d'une libido omnipotente. Sa pratique médicale l'avait convaincu qu'il y a d'autres problèmes vitaux prioritaires. La sexualité est une expression de toute une personnalité, elle en est le reflet.

La réaction à cet exposé du 4 janvier fut plutôt mitigée. Tant Freud que l'ensemble des participants restèrent dans l'expectative. Ce furent des prises de position fragmentaires et provisoires ; néanmoins, à beaucoup d'auditeurs, les convergences semblaient plus nombreuses que les différences.

La conférence du 1er février 1911 portait sur un thème central : l'origine de la névrose ne réside pas dans un conflit de nature essentiellement sexuel, mais dans la fuite non réussie d'une situation d'infériorité conflictuelle. Le facteur déterminant n'est pas constitué par le refoulement, mais dans l'effort pour adapter sa vie pulsionnelle au monde où l'on vit. Cet effort d'adaptation pousse à se valoriser pour s'affirmer face à ce monde.

C'est une aspiration au pouvoir (à pouvoir). Pour cela, on doit inhiber certaines pulsions ; ce refoulement a un effet d'intensification. Les frustrations trop fortes, trop fréquentes donnent naissance à un sentiment d'infériorité lié, entre autres, à la déficience organique qui génère une conduite de faible dite féminine en même temps qu'un refus de cette féminité : la protestation virile (ou masculine) qui signifie le rejet de tout ce qui, de près ou de loin, caractérise le comportement féminin.

L'envie du pénis, c'est l'envie d'être fort comme ceux qui ont un pénis et qui trouvent dans cette situation des avantages. La peur de castration, c'est la peur de ne pas être fort comme un homme. Voici bien posés les problèmes : la libido n'est pas tout, tant s'en faut. Et tout le problème, dans la vie et la névrose, se résume à trouver une manière de fuir une situation dévalorisante. Le rôle dynamique de la névrose c'est de lutter pour atteindre un sentiment de supériorité suffisant afin d'occulter le sentiment d'infériorité. La sexualité, elle, reflète cette lutte. La séance du 22 février fut le moment de vérité. Stekel parle d'atmosphère très tendue dans laquelle chaque freudien, l'un après l'autre, se leva et dénonça dans des interventions bien préparées les nouveaux concepts d'Adler (*Autobiography*, Liveright, New York, 1950, p. 116). Federn fut plus nuancé : « Les travaux d'Adler sont extrêmement valables car chaque individu a un besoin instinctif de s'affirmer. » De même que Tausk : « J'ai appris que l'idée d'infériorité est très utile », ou Rosenstein : « Je suis d'accord pour l'apport biologique d'Adler. » D'autres sont franchement positifs : Grüner : « Maintes choses sont identiques chez Freud et Adler et même plus claires chez Adler » ; Klemperer : « Je ne vois aucune contradiction entre les vues d'Adler et celles de Freud » ; Stekel : « Il est peu scientifique de prétendre que tout est déjà contenu dans les théories de Freud ; la théorie d'Adler représente un progrès pour la compréhension des névroses. » Mais l'intervention de Freud est péremptoire et tombe comme un couperet : « Les travaux d'Adler sont subjectifs, présentés d'une manière spéculative. Il néglige le détail ; il montre une tendance antisexuelle. Sa théorie est condamnée à la stérilité car le schéma explicatif est trop simple ; l'emploi de mots nouveaux n'est pas logique, les anciens sont déjà bien répandus dans les milieux cultivés. Les théories d'Adler sont dangereuses pour la psychanalyse, car c'est une psychologie du Moi, une psychologie du caractère, une psychologie de surface, qui néglige le fond de l'homme. Elles ne sont pas efficaces et il n'y a rien de nouveau ; somme toute, ce n'est pas de la psychanalyse. »

Les positions bien tranchées de chaque camp serré autour de Freud ou d'Adler n'apparaissent pas à la lecture des Minutes. Ce sont des radicalisations ultérieures, après le départ d'Adler et surtout quand celui-ci, ayant élargi son audience, sera perçu en rival dangereux. Mais déjà, en février 1911, la position de Freud, excluant toute concession montre, comme le fait remarquer Stekel « l'interférence des personnes qui rendait un accord encore moins aisé » *(ibid.)*. C'est évident que Freud n'a vu finalement en Adler qu'un danger pour lui et son œuvre (« les théories d'Adler sont dangereuses parce qu'Adler est intelligent et qu'il aura de l'influence »). « C'est regrettable pour le mouvement psychanalytique, d'autant plus que dans leur ensemble, les membres du cercle manifestaient une ouverture bienveillante vis-à-vis des vues nouvelles. » « C'est une contribution à la psychanalyse, un complément de celle-ci, un approfondissement et une élaboration plus poussée des faits que nous avons découverts jusqu'à présent » (Stekel, *ibid.*). Mais pour Freud la cause est entendue. Le 1er mars, Adler présenta sa démission de président de la Société psychanalytique de Vienne. A partir de ce moment, Freud brûlait d'impatience de le voir quitter le groupe définitivement : « Naturellement, je n'attends qu'une occasion de les mettre tous les deux dehors (Adler et Stekel qui, lui, quittera le groupe l'année suivante), mais ils le savent et sont très prudents et conciliants. Dans mon cœur, c'en est fini avec eux » (lettres de Freud à Jung, le 14 mars 1911). De fait, c'en est pratiquement fini de la collaboration avec Freud. Adler assistera aux séances sans y intervenir jusqu'à l'assemblée du 11 octobre 1911. Dans une lettre à Jung du 2 novembre 1911, Freud ne cache pas sa satisfaction, trois semaines après le départ des derniers « adlériens » : « J'ai achevé la purge de la Société et envoyé les sept partisans d'Adler courir après lui. » Au cours de cette assemblée, une motion selon laquelle il faut choisir entre la Société psychanalytique de Vienne (celle de Freud) et la Société de Psychanalyse libre (celle d'Adler) fut votée par 11 voix contre 5. La rupture est consommée.

Chapitre III

COHÉRENCE DU SYSTÈME ADLÉRIEN

La doctrine d'Adler garde tout au cours de son élaboration une cohérence certaine. Parti d'emprunts à divers philosophes (Kant, Nietzsche, Schopenhauer), dont les idées faisaient partie de la culture germanique, à la fin du XIXe siècle, Adler trouve dans une pratique médicale immergée dans une idéologie socialisante, dans sa collaboration à la psychanalyse pendant huit ans et demi et dans son histoire personnelle les soubassements de sa théorie.

Très tôt, il focalise sa pensée autour de quelques concepts qui formeront une trame constante : situation d'insécurité, d'insuffisance de l'homme dont une des caractéristiques est la fragilité, unité de la personnalité (corps-psychisme, conscient-inconscient), loi dynamique d'évolution (le vivant ne veut que se réaliser le mieux possible), loi universelle de compensation des déficiences, influences du corps sur le psychisme, création réactionnelle de traits caractériels à partir des insuffisances rencontrées, élaboration du noyau de la personnalité autour d'impressions vécues émotionnellement très jeune, explication du comportement, du symptôme plus téléologique que causale, importance de l'intégration dans la communauté humaine. A partir de ces grandes lignes, les concepts iront en s'affinant dans le sens d'une psychologie qui insère de plus en plus l'individu dans le tissu social. L'aspect proprement biologique tendra à s'estomper et le caractère pulsionnel de la vie psychique cédera la place à une vision relationnelle. Certaines formulations s'élaboreront tardivement (entre 1925 et 1930) mais sur des notions présentes implicitement dès 1912. Certains termes tomberont dans l'oubli, bien que le contenu en soit toujours vivant, restreint ou modifié. Le seul revirement réellement décisif a été le passage d'une explication pulsionnelle à une explication relationnelle du comportement entre 1910 et 1912. Il correspond à la fin du modèle freudien. Une des conséquences capitales sera la modification du caractère et du rôle de l'inconscient qui, de réservoir de pulsions, lien de conflits intrapersonnels, deviendra la partie du psychisme qui échappe à la compréhension du sujet ; les conflits s'expliqueront en termes interpersonnels et l'étiologie en termes de finalité et non plus uniquement en termes de causalité. La doctrine adlérienne, dans ses concepts déterminants, se révèle hautement pertinente et féconde dans ses applications. Elle contribue incontestablement à une meilleure compréhension de l'individu dans une approche psychosociale d'une valeur certaine que valide l'expérience. Parmi les implications de cette tendance, nous pouvons relever quelques grandes lignes :

1 / L'appréhension de l'homme en termes d'évolution : la fragilité inhérente à la nature humaine et l'insécurité existentielle, sources de limitations et aussi du progrès de la civilisation, l'extension du psychisme au fait social, extension, née de la nécessité pour l'individu de se regrouper pour compenser la faiblesse naturelle et la lente acquisition d'une transcendance de la communauté humaine, passant d'un état d'égocentrisme à une éthique communautaire, et faisant ressortir, à côté de vérités relatives, une seule vérité

absolue : l'utilité aux autres, la coopération, critère de la santé mentale et du progrès de la civilisation.

2 / Un schéma des relations interpersonnelles qu'il ne faut pas transgresser sous peine de voir se produire des conduites défensives incontrôlables, car le désir de l'homme de se réaliser est si fort qu'il cherchera à se réaliser A TOUT PRIX et s'il le faut contre tout le monde ou contre toute logique du réel ou même, paradoxalement, contre lui-même.

3 / Un véritable humanisme en découle où l'éducation, l'école acquièrent une importance capitale, humanisme qui amène à une redéfinition du but de la société et à une relecture de l'histoire vue comme la recherche d'un pouvoir sécurisant.

4 / L'unité, l'être humain qui agit comme un TOUT, selon un projet bien précis, quoique souvent échappant, du moins en partie, à l'individu lui-même ; le noyau de la personnalité, le style de vie est en effet, le produit d'impressions subjectives, déterminant l'optique présente et future de l'enfant. La relativité de ce cadre référentiel constitue une justification d'une tolérance mutuelle à nos schémas respectifs.

5 / Le but de chaque être vivant, de chaque homme étant de se réaliser, la tendance universelle est de compenser ses propres déficiences et ses limites. La COMPENSATION est un des moteurs essentiels de l'action et correspond à cette dynamique du vivant d'aller toujours vers un Plus, un Mieux pour échapper à l'insécurité.

CHAPITRE IV

L'ÉLABORATION DE LA PERSONNALITÉ

« La psychologie individuelle comparée a toujours insisté sur le fait qu'elle considère la vie psychique comme un mouvement, et que la forme, l'expression et la fonction sont à considérer comme des mouvements figés. »

I. — La vie psychique comme mouvement

Adler, afin de souligner dans le sens du mouvement la réalité de l'unité de la personnalité s'appuie sur l'individualité tout entière. Chaque mouvement porte en lui son style de vie : « Chaque moyen d'expression provient de l'unité de la personnalité dans laquelle il n'existe ni contradiction, ni ambivalence, ni âme double. Tous ceux qui ont saisi les finesses et les nuances de la conscience nieront que quelqu'un puisse dans son inconscient être différent de ce qu'il est dans sa vie consciente — division toute artificielle d'ailleurs qui résulte uniquement du fanatisme pour l'analyse. Tel quelqu'un se meut, tel est le sens de sa vie » (Adler, Morphologie, dynamisme et caractère, in *Sens de la vie*, Payot, 1950, p. 67). En psychologie individuelle, deux facteurs contiennent en puissance l'interprétation du sens des moyens d'expression, et signifient la direction que prend l'activité psychique. Le premier est essentiellement l'activité compensatrice et revêt trois formes indispensables dans l'évolution psychologique de l'enfant. Il prend forme très tôt dans la vie du nouveau-né et montre tout d'abord, la « tendance à surmonter une situation d'insécurité », puis « à trouver un chemin qui d'un sentiment d'infériorité mènerait à un sentiment de supériorité » et enfin « à atténuer la tension ». Le deuxième facteur porte sur la volonté de l'individu à coopérer ou non avec ses semblables sur sa capacité de contribution à la vie sociale. « La ligne initiale de mouvement est toujours apparente avec des milliers de variantes, et persistera jusqu'à la mort. » L'ensemble reste soumis au développement du sentiment social qui « nuance et colore ce mouvement dans son effort ascendant ». Le mouvement intervient donc à la fois dans le développement psychique, vers l'élaboration de son style de vie, mais aussi, et par là même, sur le comportement social individuel.

II. — Des origines du mouvement, le sentiment d'infériorité

Le mouvement traduit le sentiment d'insuffisance du nourrisson, par exemple, et sa tendance incessante à l'amélioration et à trouver la solution nécessaire aux exigences de son existence. Toute la phylogénie humaine repose sur le mouvement : « Il faut considérer l'histoire de l'humanité comme l'histoire du sentiment d'infériorité et des tentatives faites pour y trouver une solution. (...) L'homme aurait succombé à l'attaque des forces de la nature s'il n'avait su les utiliser à son avantage. Le sentiment d'infériorité agit comme un puissant moteur qui pousse l'individu si peu outillé par la nature vers une situation plus haute, vers la sécurité, vers la conquête (...) et cette révolte redoutable et imposée contre le sentiment d'infériorité inhérent, qui s'éveille et se renouvelle chez chaque nourrisson et chez chaque enfant constitue le fait fondamental de l'évolution humaine. » Ainsi l'enfant est sous la contrainte de ce développement ascendant qui pousse au développement psychomoteur incitant corps et esprit à la croissance. Tout ce qu'on trouve ultérieurement dans le développement de l'individu est né de l'utilisation du matériel héréditaire : « L'hérédité, physique ou psychique de l'enfant, exprimée par des possibilités, ne compte que tant qu'elle est utilisable et utilisée en vue du but final. Tout ce qu'on trouve ultérieurement dans le développement de l'individu est né de l'utilisation du matériel héréditaire et a dû son perfectionnement à la force créatrice de l'enfant. J'ai moi-même attiré fortement l'attention sur l'amorce constituée par le matériel héréditaire. Mais je dois nier la signification causale de ce matériel, étant donné que le monde extérieur, si varié et si variable, exige une utilisation créatrice et élastique de ce matériel » (Adler, *Sens de la vie*). Le matériel héréditaire, s'il constitue une amorce ne peut toutefois avoir en soi une signification causale. Les exigences du monde extérieur poussent à la créativité et à une approche plus élastique de l'utilisation de ce matériel.

III. — **Le développement psychogénétique**

« L'enfance est une période de la vie de l'individu difficile à traverser ; l'enfant y doit en peu de temps assimiler toute une civilisation qui a exigé des milliers d'années pour s'élaborer » (H. Schaffer, Préface du traducteur, *in* Oscar Spiel, *La doctrine d'Alfred Adler*). Elle subit continuellement des changements successifs et/ou alternatifs selon une orientation définie dans un programme général de développement propre à l'espèce humaine. Le long de cet axe temporel opposant des changements extrêmes, l'enfant doit apprendre à dominer ses instincts et à s'adapter aux conditions du milieu social : l'individu dispose, dans la première enfance, d'une force créatrice libre à laquelle est subordonnée celle de sa vie ultérieure, après que l'enfant se soit donné une dynamique fixe pour sa vie, nous dit en substance Adler, et, « dans cette conception qui laisse à l'enfant la voie libre dans ses tendances à la perfection, au fini, à la supériorité ou bien à l'évolution, on peut considérer l'influence des aptitudes, qu'elles soient héréditaires ou humainement modifiées, ainsi que l'influence du milieu et de l'éducation, comme des éléments avec lesquels l'enfant forgera son style de vie par son art créateur. (...) Le style de vie créé pendant l'enfance ne pourrait sans risquer des à-coups tenir tête à la vie que s'il était construit d'une façon juste, *sub specie aeternitatis.* (...) Le plus grand problème reste toujours réservé à l'esprit créateur infatigable qui, cependant, sera limité dans la voie du style de vie infantile ». On y trouve canalisés : instinct, tendance, sentiment, pensée, action, attitude vis-à-vis du plaisir et de l'insatisfaction, égocentrisme et sentiment social. Le style de vie dispose donc de tous les moyens d'expression, tout défaut doit se chercher dans la loi dynamique elle-même, « dans le but final du style de vie et non pas dans une des expressions particulières de ce dernier ». La vie de l'individu commence avec la possession des possibilités humaines de développement propre à chacun mais les divergences ne se reconnaissent que par les actes accomplis : dès le début de l'existence, « les deux influences réunies, celle de l'hérédité et celle du monde environnant, deviennent la propriété de l'enfant que celui-ci utilise pour trouver le chemin de son développement. (...) L'enfant en est plus ou moins réduit à sa propre force créatrice et à sa capacité à deviner son chemin dans l'utilisation des influences que son propre corps et le monde environnant lui ont fait éprouver. Son opinion de la vie qui constitue la base de son attitude, base qui n'est pas exprimée par des mots ou interprétée par des idées, est son propre chef-d'œuvre.

Ainsi l'enfant acquiert sa loi dynamique qui, après une certaine éducation, l'aide à former son style de vie » (*Sens de la vie*, p. 102). « La communauté pose un certain nombre d'exigences et par là elle influe sur toutes les normes et les formes de notre existence ainsi que sur le développement de notre organe pensant. Elle est ainsi fondée organiquement (...) si l'on considère le lent développement de l'enfant, on constate qu'il ne peut être question d'un déploiement de la vie humaine que s'il existe une communauté protectrice » (*Connaissance de l'homme*, p. 33).

IV. — **Les stades de développement**

Si Adler ne s'est pas appliqué à décrire un système de classification des stades du développement, il est possible, par une connaissance du niveau de recherche de la psychologie individuelle comparée, d'en faire la description.

Cinq stades du développement sont en fait clairement définis :

Un stade dit d'infériorité morphologique et fonctionnelle. — Il se situe à la période anténatale — lieu des premières élaborations de la connexion d'organes —, début de l'individuation de l'organe psychique. Au cours de la gestation, les ensembles fonctionnels (nutritionnel, sanguin, nerveux hormonaux, calorique, positionnel, attitudinaux) se développent comme des unités dans l'embryon : ce développement se présente comme le résultat d'une excitation intéro-externe, mais peut être la conséquence d'une tendance incessante à développer le rendement d'un organisme inférieur. A partir de ce moment préexiste une tonalité affective et déjà la prédominance d'un but : tendre vers un développement harmonieux.

Un stade d'infériorité des systèmes de défense biologique. — Ce stade concerne la phase néo-natale, englobe les pulsions d'organes, l'apparition d'une pulsion agressive et des tentations de maîtrise de la pulsion psychique en même temps que s'élabore la maîtrise sensori-motrice de la proche réalité extérieure.

Un stade d'élaboration du sentiment d'infériorité. — Apprentissage symbolique, tentative de maîtrise du langage, début d'acquisition de sa propre loi dynamique. Selon Adler « l'enfant a bientôt fait connaissance avec la souffrance provenant de son état d'enfance, son attitude ne relève pas seulement de la seule expérimentation issue du comportement logique de double mouvement de distanciation par rapport au monde extérieur et d'organisation interne, mais de son énergie de croissance. A partir de ce mouvement il pourra mener une vie supportable. Ce sentiment d'infériorité va aiguillonner le psychisme et déployer la force créatrice des organes, vue, ouïe, motricité gestuelle et locomotricité ».

Un stade de la compensation psychique. — C'est le moment d'intériorisation et de résolution des problèmes vitaux issus des difficultés de l'organisation du moi et de son monde, échafaudage de fictions à partir de l'appropriation des images de la réalité et du pouvoir de les modifier afin d'affirmer sa volonté de puissance. Avec la maîtrise de la marche, l'enfant se construit une image plus stable, une unité, un idéal de personnalité. Cela va lui permettre de manifester sa supériorité à l'égard de son entourage.

Un stade consolidation du sens social. — Le développement social et intellectuel, basé sur des acquisitions instrumentales élargissant le pouvoir du moi, et qui les mettent en relation avec des nouveaux types d'objets. Ces relations nouvelles débouchent sur la nécessité d'envisager l'effort pour la communauté comme une question vitale pour l'individu. C'est le stade de la concrétisation du style de vie. La période prépubertaire et pubertaire n'est pas considérée comme un stade du développement de la personnalité, mais plutôt un moment de réactivation du sentiment d'insécurité, d'infériorité et une tentative de réaménagement de la volonté de puissance.

CHAPITRE V

VIE PSYCHIQUE ET ÉLABORATION DU STYLE DE VIE

I. — Affirmation du style de vie chez l'enfant

On peut déjà déterminer au bout de quelques mois comment un nourrisson se comporte envers la vie. Ainsi un nouveau-né n'est à nul autre assimilable, il détermine déjà sa position originale face à l'existence. Avec la particularité de plus en plus affirmée d'accentuer l'orientation qu'il s'était fixée dès l'abord. La vie psychique de l'enfant se développe de plus en plus, pénétrée par la relation que la société aura su développer avec lui.

L'ensemble est mû par la production du sentiment inné de communion humaine : « Ce qui se développe dans l'âme de l'enfant sera toujours plus pénétré par les rapports de la société avec lui ; on voit se produire les premiers indices du sentiment inné de communion humaine, on voit fleurir des mouvements de tendresse organiquement conditionnés, qui vont si loin que l'enfant cherche l'approche des adultes. On peut toujours observer que l'enfant dirige ses inclinations tendres sur autrui, non pas sur lui-même comme le veut Freud. Ses mouvements sont différemment gradués et varient suivant les personnes à qui ils s'adressent » (Adler, *Connaissance de l'homme*, p. 41). C'est surtout entre 3 et 5 ans que se détermine chez l'enfant sa façon de percevoir et d'être en relation avec le monde environnant.

Le style de vie se trouve achevé à partir de la troisième et quatrième année « de façon manifeste en tant que prototype et constitution psychique », il se maintient pendant toute l'existence ; toutefois en cas de façonnage erroné de la personnalité durant les premières années de sa vie, l'individu a la capacité, avec l'aide de l'éducation, de l'action préventive, et le cas échéant d'une thérapie, d'agir et de modifier la ligne originelle qu'il s'était fixée.

L'enfant, dans sa cinquième année, dispose d'une « forme vitale solide ayant ses propres mécanismes. Il assimile à sa façon les événements, les utilise et les dirige comme bon lui semble tirant alors des conclusions qui correspondent à son schéma d'aperception » (*Connaissance de l'homme*).

II. — De l'élaboration du style de vie au schéma d'aperception

Le schéma d'aperception élaboré par l'enfant décrit le mécanisme psychique mis en branle lors de sa relation au monde extérieur. Cette relation n'est jamais objective ; la structure de sa personnalité sélectionne les événements. Un choix judicieux des impressions qui lui viennent de ce monde se fait en fonction de son style de vie, de ses axes d'intérêt. C'est en fonction de la prise de conscience de son équipement constitutionnel, des impressions du monde environnant et du pouvoir créateur (amalgamant les données dans l'élaboration de la personnalité spécifique), que l'enfant, dans les premières années de sa vie, va élaborer son schéma d'aperception. La structure du schéma d'aperception se réalise en fonction d'une finalité à laquelle obéissent les éléments de la vie psychique consciente et inconsciente du sujet. L'enfant, au cours de son développement, réalise un véritable plan de vie, lieu d'élaboration des thèses individuelles pour plus tard aborder et résoudre les trois problèmes fondamentaux que sont la vie sociale, la sexualité, le travail. Ces problèmes sont dépendants les uns des autres et leurs solutions interagissent, les thèses étant elles-mêmes naturellement déterminantes pour situer l'individu dans son milieu. « Plan de vie et opinion se complètent mutuellement. Les deux ont leur racine dans une période où l'enfant est incapable de formuler en paroles et concepts les conclusions de son expérience. Mais déjà à cette époque il commence à développer les formes générales de sa conduite, à partir de conclusions non exprimées en paroles, souvent à partir d'événements futiles ou d'expériences inexprimées fortement affectives. »

III. — Style de vie et unité de la personnalité

A l'opposé des théories qui soulignent la nécessité de crises et de conflits pour parvenir au développement de l'individu, la psychologie individuelle comparée insiste sur la force créatrice du style de vie indispensable pour parvenir à l'unité de la personnalité. Ce qui fait l'unité de la vie psychique est la ligne d'orientation propre à chaque individu. Cette ligne d'orientation, tracée d'une impression d'enfance jusqu'à l'état de chose actuel et dont la configuration subit bien des modifications, maintient son contenu, son énergie et son sens même. Elle comporte « comme caractère particulier une indestructible unité » (A. Adler, *Connaissance de l'homme*). L'unité de la personnalité avec ses aspects inconscients et conscients obéit à une finalité qui confère à chaque manifestation partielle sa valeur dans ce jeu de l'ensemble. « Le plus grand problème reste toujours réservé à l'esprit créateur infatigable qui cependant sera toujours limité dans la voie du style de vie infantile. »

IV. — Vie psychique et loi dynamique

Le *conflit* est en fait la situation qui résulte de tous les heurts provoqués par un style de vie en opposition avec les nécessités sociales de notre vie, et la *crise*, le processus de transformation de la personnalité aboutissant à l'engagement sur une voie nouvelle et évolutionnelle. « Lorsque l'enfant a trouvé sa loi dynamique dans laquelle doivent être constatés le rythme, le tempérament, l'activité et avant tout le degré du sentiment social » ; toutes ses autres facultés seront dans leur particularité liées à cette loi dynamique.

Le style de vie est construit par l'enfant à une époque où ce dernier ne dispose ni d'un langage, ni de concepts suffisants. S'il continue à se développer dans ce sens, il se développe dans le sens d'un mouvement qui n'a jamais été formulé par des paroles. Ce mouvement est donc inattaquable par la critique, il est aussi soustrait à la critique de l'expérience. La vie psychique montre ainsi un besoin de synthèse. Cette recherche d'équilibre intéresse l'ensemble de l'organisme, elle n'est pas l'instinct de mort mais réside dans une harmonie de l'organe psychique à s'adapter à l'évolution. « La psychologie individuelle se tient sur le terrain solide de l'évolution (...). Pour notre entendement chaque manifestation psychique se présente donc comme un mouvement qui mène d'une situation inférieure vers une supérieure. L'élan, la loi dynamique, que chaque individu se donne lui-même au début de son existence dans une liberté relative et en utilisant ses aptitudes et ses défauts innés, aussi bien que ses impressions du monde extérieur, varient pour chaque individu en ce qui concerne mesure, rythme et direction. En comparaison constante avec la perfection idéale irréalisable, l'individu est constamment rempli d'un sentiment d'infériorité et stimulé par lui » (A. Adler, *Sens de la vie*).

L'individu est en permanence sous la contrainte de

l'évolution, de laquelle il tire des enseignements. Au cours de l'évolution, le style de vie est élaboré de façon affective et rationnelle par l'enfant, découvrant au fur et à mesure de son évolution sa capacité de rendement, un enfant prend, d'une façon approximative et affective, la mesure de sa puissance dans un entourage qui ne reste pas indifférent « édifiant sur une impression subjective, guidé souvent par des réussites ou des échecs futiles, l'enfant se crée la voie, le but et la concrétisation d'une ascension plongée dans l'avenir » *(Sens de la vie)*.

V. — **Fonction imaginative et style de vie**

L'enfant va en outre faire appel au soutien de son imagination, alliée incontestable et indispensable pour maintenir un haut niveau de la dynamique évolutionnaire de la vie psychique. La fonction imaginative est une émanation de ce courant de « l'ensemble de la vie psychique et de ses relations avec les exigences du monde extérieur avec lesquelles elle forme un tout » (Adler, *Sens de la vie*). La fonction imaginative est un « élément du style de vie individuel, elle le caractérise et en tant que mouvement psychique elle s'insinue dans toutes les autres parties de la vie psychique, et porte d'ailleurs en elle l'expression de la loi dynamique individuelle » *(Sens de la vie)*.

C'est une force agissante, comme chaque forme d'expression psychique, l'expression dynamique de l'imagination est un mouvement ascensionnel indiquant le passage d'une situation inférieure vers une autre supérieure et, de ce fait, elle devient le lieu de satisfaction d'un désir. Cela n'implique pas à considérer la satisfaction du désir comme l'explication contribuant à nous éclairer sur le mécanisme de la fonction imaginative : l'imagination est à la base de toute inventivité, de la créativité ; elle assure la vue prospective, et dans cette fonction elle est tournée vers l'avenir, et se préoccupe de la résolution de tout problème existentiel. Elle évalue, elle anticipe sur les événements s'efforçant d'en assurer les prévisions. Son mécanisme permet à l'individu de réaliser une conversion dans un retrait provisoire. Ce retrait quand il devient permanent signe la psychose. Loin de la réalité, du sens commun, de la logique du monde extérieur, social et environnemental, l'imagination alimente le monde des délires.

L'imagination est génératrice de productions oniriques diurne et nocturne. Elle participe à la recherche de la solution d'un problème, la fonction imaginative est stimulée par l'inconnu de l'avenir. Eminemment présente dans la force créatrice responsable du façonnage du style de vie dans l'enfance, elle est en même temps guidée d'après le style de vie lui-même. « L'esprit créateur de l'enfant se montre dans ses jeux et dans la façon dont il joue, la tendance à la supériorité se donne libre cours dans chaque jeu d'enfant » *(Sens de la vie)*.

VI. — **Finalité du souvenir**

Le psychisme dans ses principes est inné, mais sa capacité de développement reste soumise à la perception des faits et à la tendance impulsive à l'activité. Sa survie est intimement associée à la capacité de mobilisation de la nature humaine. Les rapports de l'homme avec le monde extérieur sont engrangés, agencés, ordonnés dans le psychisme. Celui-ci cherchant l'adaptation se trouve dans la nécessité de développer toutes les capacités qui permettent à l'individu de survivre, d'assurer sa propre existence.

Les questions posées par la vie trouvent une réponse individuelle qui laisse certaines traces dans le développement de la psyché. Ainsi les fonctions de la mémoire et de l'évaluation ne sont acquises que dans l'effort associé à la tendance à l'adaptation. C'est par la concrétisation des souvenirs que l'homme peut assurer et prévoir son avenir. Tous souvenirs ont à la base une intention finale inconsciente. Il ne revient en mémoire que les données dont le souvenir maintient une direction psychique déterminée, de même que l'oubli n'intervient que pour préserver l'adaptation conforme au but fixé. Adler attribue une importance capitale aux plus anciens souvenirs. Pour que tel événement soit retenu particulièrement et avec précision, parmi les multitudes de sensations, d'impressions qui constituaient une page de notre histoire au moment où se situe le souvenir, il faut que *notre soi* y attache une importance particulière. Herbert Schaffer à l'instar d'Adler y découvre une double signification : « 1° Le souvenir retenu évoque où s'élabore le style de vie du sujet et témoigne d'une ébauche d'un dynamisme psychique caractéristique de la personnalité ; 2° Avec sa représentation visuelle la note affective qui la sous-tend et la direction qu'il indique, le souvenir est révélateur d'un fragment de style de vie. »

VII. — Rêve et style de vie

Outre la ligne de puissance, l'imagination permet d'établir en elle le sentiment de communion : dans les imaginations enfantines, la puissance de l'enfant exprimée est, en partie, dirigée au profit d'autrui. « Chaque état de rêve a un facteur exogène. Ceci souligne bien plus et autre chose que le "résidu diurne" de Freud. Son importance réside dans le fait qu'il est une épreuve et une recherche de solution. Il contient le "*en avant vers le but*", le "*dans quel sens*" de la psychologie individuelle en opposition avec la régression et la satisfaction des désirs sexuels infantiles de Freud ; ce dernier trait étant simplement un exemple de manifestation du monde fictif des enfants gâtés (...) Ceci indique aussi le caractère progressif et ascensionnel de l'évolution et montre comment chacun se représente le chemin qu'il veut suivre, son opinion sur sa manière d'être et sur la nature et le sens de la vie » (A. Adler, *Sens de la vie*). Le rêve vise donc l'avenir, il prépare le rêveur à résoudre un problème selon ses méthodes. Cette fois cela ne se fait pas par la voie du sentiment social mais par métaphore.

Le rêve est langage métaphorique où tout est exprimé de façon plus puissante. Le rêveur guidé par sa loi dynamique est préoccupé par son désir de faire aboutir son style de vie, et quelquefois en dépit du sens commun, pour ce faire, il mobilise artificiellement des sentiments et des émotions le plus souvent métaphoriques. Les métaphores « servent en dehors des voies de la raison pratique, à illusionner le rêveur à éveiller chez lui des émotions et à créer en même temps un état d'esprit accordé au style de vie. Il est probable que le rêve est toujours précédé d'un état affectif semblable au doute, problème qui exige encore des recherches plus approfondies. Mais dans ce cas et conformément à son style de vie le "*Moi*" choisit entre mille images possibles justement, celles qui sont favorables à ses aspirations et qui lui permettent d'éliminer la raison pratique en faveur du style de vie ». Indiquant ce chemin bien précis que le rêveur désire suivre, le rêve révèle une direction psychique, crée un état affectif des émotions. « C'est dans les rêves récurrents ayant le même contenu et dans les souvenirs de rêves enfantins que se manifeste le mieux la ligne d'orientation fictive. Les uns et les autres, en effet, viennent se ranger dans un schéma tout prêt ou reconnu comme utilisable, qui se dégage du but final fictif et est maintenu par lui. Lorsque plusieurs rêves surviennent au cours de la même nuit, il faut y voir autant de tentatives de solution et la preuve d'une incertitude beaucoup plus grande que d'ordinaire. Ce que Freud appelle la "*censure du rêve*", qui aurait pour fonction de cacher ou de masquer une certaine situation, n'est autre chose qu'une manifestation de la tendance à la sécurité qui imprime un changement de forme à la fiction, aussi bien dans le rêve que dans la névrose, et qui cherche, en empruntant des voies détournées, des chemins de traverse, à se soustraire à l'opposition à laquelle se heurte la ligne d'orientation masculine. Quant aux autres "déformations", elles expriment par la nature abstraite de la pensée du rêve et par le fait que cette pensée ne constitue qu'un simple reflet. Le symbolisme et l'analogie dont se sert le rêve forment le contenu formel par lequel se manifeste un dynamisme affectif renforcé. Ils en sont, pour ainsi dire, les images verbales artistiques. Ils constituent la superstructure psychique qui vient couronner une combinaison entre une situation psychique et un souvenir, lequel, étant évoqué d'une façon tendancieuse, le plus souvent sophistiquée, est destiné à introduire la résonance qu'exige l'idée » (A. Adler, *Le tempérament nerveux*). Il s'agit de provoquer par le rêve une ambiance, de se laisser guider par une certaine tonalité affective dans le but de parvenir à la résolution des difficultés et des problèmes quotidiens. Par le rêve on provoque un état affectif, une ligne directrice guidant le mouvement et qui conduit vers la solution d'un problème dans le sens du style de vie, là où au moyen de la logique on ne peut le surmonter. Ce sont les mêmes mécanismes qui sont en jeu dans la vie onirique et dans l'état de veille. Quand l'homme veut se convaincre d'agir dans un sens donné, il travaille avec des sentiments et des affects. La psyché humaine a la particularité de se laisser guider par la logique mais aussi par des sentiments et des affects ; ces derniers, pure production de la psyché elle-même, sont quelquefois en contradiction avec ses évaluations logiques. Peu importe si le rêve est oublié, si son souvenir laisse une impression particulière, et qu'il soit incompris, ce qui importe c'est qu'à la base du rêve il y a toujours une prise de position envers la vie.

VIII. — Devenir du psychisme enfantin

Selon Adler, allant de pair avec la croissance physique, des tendances psychiques réclamant puissance et valorisation se développent chez l'enfant. L'enfant choisit dans son entourage, pour modèle, la personnalité qui à ses yeux paraît la plus puissante : ce modèle en règle générale est issu du couple parental, père/mère. L'enfant se comparant à eux prend la mesure de ses capacités et évalue ses espoirs en l'avenir. Il cherche et aménage ainsi l'espace de son propre développement oscillant entre l'opposition et la soumission ; la distance naturelle étant là pour accentuer son sentiment d'infériorité. Toute la stratégie compensatrice du psychisme enfantin consiste en une série d'essais et d'expériences, dont le but est d'estomper cette distance et par conséquent d'annuler son sentiment de faiblesse.

Par l'expérience l'enfant cherche sa voie vers l'élévation future, vers une supériorité. A la fois guidé par ce but directeur de supériorité et la tendance à l'expansion, l'enfant utilise de façon ininterrompue cette voie, individuelle et personnelle. C'est à cette époque que se réalise la préparation à toutes les exigences de la vie future, telles que l'enfant les envisage. « L'enfant façonne son attitude vis-à-vis de la vie et de la société et en s'y exerçant, modèle sa perspective du monde. Ainsi naissent les modalités de l'attitude hésitante et le ralentissement en face d'une décision à prendre, l'attitude indépendante et la demande de secours » (A. Adler, *Problème de l'homosexualité*). Pour s'assurer la conduite de sa vie, l'enfant a recours à tous les mécanismes dont il peut disposer dans des expériences originales et personnelles ou dans l'imitation des autres. Il incorpore ces mécanismes en tant que forme persistante à son attitude générale. C'est de ce schéma provenant de son enfance que l'être humain puise les réponses aux questions de la vie.

Chapitre VI

PARTICULARITÉS PHILOSOPHIQUES DE LA PSYCHOLOGIE INDIVIDUELLE COMPARÉE

La psychologie individuelle comparée base l'ensemble de sa conception sur des vues psychosociales où l'idéal social représente la mesure de toute manifestation psychique. Le sentiment social, qui se trouve dans chaque être humain, est un élément indestructible de la nature humaine dont les possibilités innées attendent leur développement. Développement qui s'appuie sur l'intervention de la mère, laquelle est liée de façon psychophysiologique à l'enfant. « La notion sociale, à laquelle la psychologie individuelle comparée fait appel, se dresse en tant que but, en tant que donnée idéale, jamais touchable, mais toujours appelant et guidant » (A. Adler, *Religion et psychologie individuelle comparée*). Le sentiment social est la condition essentielle de toute activité humaine de valeur. Toute relation à l'autre devient une nécessité bio-psychologique. Nous n'ignorons pas que tout système organique se présente comme une unité où tous les appareils et organes fonctionnent et agissent en parfaite coopération dans l'unique but de maintenir la vie.

Les facultés psychiques de l'individu participent à cette coopération en fonction d'une idée fictive de la personnalité. Ainsi les dynamismes en parfait accord unitaire se meuvent vers un but unique. Le but d'une perfection idéale. L'intensité du dynamisme est envisagée, *sub specie aeternitatis*.

La psychologie des profondeurs recouvre une littérature abondante où l'explication des phénomènes psychiques occupe une place primordiale.

Dans des approches théorico-cliniques multiples, toutes les écoles s'accordent pour considérer ces phénomènes comme causals, mus par un déterminisme : *a contrario*, la psychologie individuelle comparée cherche à reconnaître le sens de leur apparition, s'interroge sur le but poursuivi par les phénomènes psychiques, sur leur finalité. Dans la perspective adlérienne la personnalité est un tout indivisible qui tend vers un but. Ce but peut être saisi, transformable ou fixé.

De ce point de vue le conscient et l'inconscient ne sont pas deux instances qui s'opposent mais des structures fondamentales en perpétuel mouvement et qui marchent de pair dans le sens de la finalité spécifique de chacun. C'est dans ce mouvement actif pour une adaptation aux exigences du monde extérieur que l'individu découvre le sens et la marche de la vie. En psychologie individuelle comparée on se doit de saisir la personnalité en tant qu'unité qui vise un but déterminé, c'est-à-dire examiner pensées, sentiments, actions, dynamismes et rêves comme s'ils étaient déterminés par un but fictif. Toutes les manifestations psychiques peuvent être considérées « *comme si* » elles représentaient une préparation visant à la poursuite d'un dessein.

I. — Causalité et finalité, déterminisme et indéterminisme

L'homme est en permanence dans un état de tension psychique, à la recherche de l'équilibre, de son psychisme menacé par sa tendance à la perfection, cette tendance est contrecarrée par les exigences de l'existence ; il est conscient du peu de moyens dont il dispose pour atteindre ce but ; il se satisfait alors de son mouvement ascensionnel dès l'instant où il a le sentiment d'avoir atteint un degré suffisant pour que s'expriment sa valeur, sa quiétude et son bonheur. Cette satisfaction préface l'instant suivant, où ce but l'amène vers de nouvelles étapes, toujours plus loin dans une perspective évolutionnelle. Ce mouvement vise à l'autoconservation, au développement et ne peut se comprendre que dans la définition de la vie : « Vivre, c'est se développer », ou le développement de la vie ne se conçoit qu'à travers le consentement des influences cosmiques : « Le fait universel de l'évolution créatrice de tout ce qui est vivant peut nous enseigner qu'un but est donné à la direction de chaque espèce, but idéal de la perfection de l'adaptation active aux exigences cosmiques » *(Sens de la vie)*. C'est donc un mouvement inhérent à la vie dès son origine. Il s'agit de la conservation de l'individu et de la race humaine. Il importe d'établir la relation favorable entre l'individu et le monde extérieur : cette recherche d'une meilleure adaptation est un mouvement perpétuel, « d'une adaptation *sub specie aeternitatis* étant donné que seul est "*juste*" le développement organique ou psychique qui peut être considéré comme juste pour l'avenir le plus éloigné. En outre cette notion d'une adaptation active signifie que le corps et l'âme, de même que tout ensemble de vie organisée, doivent tendre vers cette ultime adaptation qu'est le triomphe sur tous les avantages et tous les inconvénients que le cosmos nous impose ». L'homme est un être prospectif, nous dit Adler, à moins d'être psychiquement inexistant. Le temps s'inscrit sur une ligne où le présent est lié à ce qui l'a précédé tout en imprimant cette direction par laquelle nous sommes affermés à l'avenir. De ce fait chaque instant devient essentiel et nous le comprenons et l'interprétons comme si nous devons le retenir à jamais ou au contraire le dépasser immédiatement. En effet les buts inconscients (ou conscients) que chacun s'est choisis déterminent un système qui permet d'évaluer l'importance de l'instant. « Et il arrive, au cours de l'évolution psychique, que ce qui n'était au début qu'un artifice imaginé de toutes pièces, tirant toute son importance et toute sa valeur de ses rapports avec les autres éléments de la situation, qu'un moyen de se donner une attitude, de trouver une direction, de poser des jalons devient une fin en soi, sans doute parce que c'est ainsi seulement, et non par la satisfaction directe de ses instincts, que l'enfant croit pouvoir assurer à ses actes la certitude et la sécurité dont il ressent le besoin. » Ce finalisme ne prend pas valeur d'une téléologie rigide car il se fond sur une finalité causale.

Les phénomènes psychiques apparaissent comme gouvernés par un but final. Ils ne sont en fait que des projections de ce but. Adler attribue à ce but final la valeur d'une cause formative, celle d'un principe d'orientation, d'arrangement de coordination : « La finalité qui caractérise notre comportement psychique et les dispositions qu'elle crée font que nos actions engagées dans une direction déterminée ne suivent cette direction que jusqu'à un certain point ; que nos impulsions volontaires et involontaires visent toujours à obtenir un certain effet au-delà duquel leur efficacité disparaît ; que nous sommes obligés d'attribuer, avec Pavlov, une fonction intelligente à nos organes » *(Tempérament nerveux)*. L'aspect impressionnant de ces phénomènes n'autorise pas pour autant l'invocation de l'intervention du principe téléologique mais plutôt d'y voir une tentative d'orientation voulue et calculée pour un avenir heureux. Le désir d'y parvenir déterminera un projet imperdable, un plan de vie immuable. Tous ces effets, dont l'interprétation varie avec ce qui les font connaître, ne surgissent pas *ex abrupto* de façon spontanée :

« Toutes nos expériences nous commandent impérieusement de rattacher tous ces phénomènes à une fiction consciente dont les émanations conscientes, mais affaiblies, forment les buts finaux auxquels se conforment, en dernière analyse, et la manière dont nous concevons nos expériences intérieures et notre activité » *(Tempérament nerveux)*. L'image fictive qui gouverne l'activité psychique s'est formée au cours d'expériences vécues et souvent interprétées de façon tendancieuse et incomplète. Ces expériences qui suscitent et déterminent le choix des buts finaux sont de conditionner la formation du caractère individuel. Elles agissent au sein d'un système causal, ce qui, naturellement, amène Manès Sperber à conclure que le finalisme adlérien se révèle comme un déterminisme troué plutôt que comme un antidéterminisme.

Conclusion à laquelle fait écho H. Schaffer : « Si d'après le principe du déterminisme tout fait a une cause, si les mêmes causes produisent les mêmes faits et si des lois spécifiques régissent les faits et les causes envisagées, la doctrine admet que, d'une part, le psychisme fonctionne davantage en vue d'une finalité orientée par une intentionnalité et que, d'autre part, le comportement d'un sujet peut changer si, sous l'effet de la psychothérapie, sa ligne directrice se modifie. N'étant ni entièrement conditionnée par le milieu, ni déterminée par son héritage constitutionnel, ayant grâce *à la force créatrice* programmé lui-même son comportement et son devenir, la prise de conscience par le sujet de certaines particularités de ses structures rend possible une transfinalisation de ses visées et de ce fait un changement de ses manifestations psychiques » (H. Schaffer, *La psychologie d'Adler*).

En bref, un déterminisme certain sous-tend la vie psychique : l'homme dès son avènement est confronté à la question du choix possible pour acquérir son potentiel de richesse individuelle mais aussi se prémunir de vulnérabilité. Le choix ne peut être modifié s'il apparaît préjudiciable au bon fonctionnement du psychisme. Il n'est donc ni victime de son héritage constitutionnel, ni totalement passif, soumis aux aléas du milieu. Seule, la *Zielstrebigkeit* ou télémanie, cette tension vers un but qui anime toute vie humaine, caractérise ce mouvement. Elle présuppose une finalité, celle qui veut que derrière chaque but apparaisse un autre plus élevé. Bien avant la traumatologie de Freud, une conception dramatique n'a cessé de dominer les esprits et d'inspirer l'opinion que ce sont des événements dramatiques ou traumatiques qui décident le plus souvent du sort individuel. Adler n'a jamais nié que de tels événements frappaient les hommes à certains moments de leur enfance. Mais il estime que nul événement, que nulle expérience vécue ni aucune de leurs conséquences immédiates ne sauraient déterminer à eux seuls le devenir de la personne.

Selon Adler, l'important est bien moins ce que quelqu'un a réellement vécu dans son enfance que la façon dont il a saisi et interprété ce vécu, ainsi que la manière dont il a comparé à d'autres expériences, les siennes et celles de ses proches et enfin les conclusions qu'il en a tirées. Adler reconnaît à l'enfant une capacité fondamentale, celle de pouvoir choisir, de ce fait il admet un non-déterminisme dans la structuration de la personnalité. Il introduit en psychologie la notion de but. Le but final prend son essence dans le pouvoir créateur de l'enfant et définit le sens dans lequel une tendance est dirigée.

II. — **Sentiment d'insécurité et fiction dirigeante**

L'être humain dans l'aventure qui est la sienne, parce qu'il arrive dans la vie incomplet et immature, doit créer, à mesure qu'il avance, pierre à pierre, la route par laquelle il traverse l'abîme qui le sépare de l'avenir. Cela devient inévitable, tant le sentiment d'insécurité est insupportable, l'être humain répond à un besoin pulsionnel de sécurité. De créature sans instinct et dépendante, il apprend à reconnaître les choses, avant même d'avoir saisi leur sens exact, à les intégrer, jusqu'à ce qu'elles se lient indissolublement dans sa perception et dans son imagination. En donnant sens aux *objets*, il apprend, par là, à se découvrir lui-même *sujet*.

Tout ceci n'est possible que grâce à ce formidable processus dialectique par lequel toute acquisition devient création, découverte des autres et de soi, et invention. C'est parce que le petit d'homme peut inventer, réinventer le monde, qu'il peut deviner, interpréter, qu'il parvient à se projeter dans son devenir, dans toute son existence. Cela nécessite de nombreuses réussites mais aussi autant d'erreurs. C'est le tribut à payer lors de tout apprentissage. Or, nous dit Adler, l'être humain doit tout apprendre. Chez l'individu, le plus petit mouvement, les moindres attitudes, les traits de caractère, le comportement dans quelque situation qu'il soit ne s'acquièrent que par le *training*. C'est le seul moyen possible pour aider le sujet à atteindre les buts auxquels il aspire : « L'enfant a trouvé lui-même le "sens de la vie", auquel il cherche à se conformer, dont il s'applique à préciser les contours encore vagues, qui sert de point de départ à ses anticipations et de critères à l'aide duquel il apprécie ses actes et ses impulsions. Son impuissance et son incertitude l'obligent à essayer un grand nombre de possibilités, à accumuler des expériences, à édifier et à perfectionner sa mémoire, afin de pouvoir jeter un pont au-dessus de l'abîme qui le sépare de l'avenir plein de grandeur, de puissance, de satisfactions de toute sorte. L'édification de ce pont constitue pour l'enfant la tâche la plus importante, car sans lui il se trouverait tout désemparé au milieu des innombrables impressions qui l'assaillent, abandonné à lui-même sans conseil d'aucune sorte, sans direction aucune. Il est difficile de délimiter ou de définir verbalement cette première phase, qui est celle de l'éveil du monde subjectif, celle de la formation du *moi.* » Tout ce qu'on peut dire, c'est que l'image que l'enfant se fait de son but doit être de nature à lui assurer une sécurité plus grande, à imprimer à sa volonté une direction plus ferme. Et il ne peut acquérir une certitude que s'il tend vers un point fixe et s'il est convaincu que lorsqu'il l'aura atteint, il sera plus grand, plus fort, débarrassé de tous les défauts et de toutes les infériorités de l'enfance. En vertu de la nature plastique, analogique de notre pensée, l'enfant se projette lui-même dans l'avenir sous les traits du père, de la mère, d'un frère ou d'une sœur plus âgés que lui, du maître, d'un animal, de Dieu. Tous ces modèles ont en commun un certain nombre d'attributs, tels que grandeur, puissance, savoir et pouvoir, et sont autant de symboles d'abstractions fictives. Comme l'idole pétrie dans la terre glaise, ils reçoivent de l'imagination humaine force et vie et réagissent à leur tour sur l'âme qui les a créés.

Cet artifice de la pensée ressemble à celui qui fait naître la paranoïa et la schizophrénie, états dans lesquels le sujet, en présence des difficultés de la vie, ne trouve pas d'autre moyen d'assurer sa sécurité et de maintenir à un niveau suffisant son sentiment de personnalité qu'en ayant recours à des « puissances hostiles », créées par son imagination. Il y a toutefois cette différence donnée à l'enfant : la possibilité d'échapper à chaque instant à l'emprise de sa fiction, de faire abstraction de ses projections et de se borner tout simplement à utiliser l'impulsion fournie par cette ligne auxiliaire. Son insécurité est assez grande pour le pousser à se donner des buts fantastiques en vue de son orientation dans le monde ; mais elle n'est pas assez grande pour le déterminer à refuser à la réalité toute valeur et à dogmatiser l'image qu'il a prise pour guide, comme cela se vit dans les psychoses. Il convient cependant de ne pas perdre de vue les analogies qui existent entre l'homme sain, le névrosé et le psychopathe, en ce sens que pour chacun d'eux le sentiment d'insécurité et la fiction jouent un rôle également important.

Ce qu'il y a de généralement humain dans ce processus, c'est que la mémoire aperceptive tombe sous le pouvoir de la fiction dirigeante. Ce fait crée les possibilités d'une conception du monde qui, dans certaines limites et avec certaines restrictions, s'impose à tous. Petit et démuni, l'enfant cherchera toujours à élargir ses limites et prendra toujours pour modèle celles du plus fort. Et il arrive, au cours de l'évolution psychique, que ce qui n'était au début qu'un artifice imaginé de toutes pièces, tirant toute son importance et toute sa valeur de ses rapports avec les autres éléments de la situation, qu'un moyen de se donner une attitude, de trouver une direction, de poser des jalons, devient une fin en soi, sans doute parce que c'est ainsi seulement, et non par la satisfaction directe de ses instincts, que l'enfant croit pouvoir assurer à ses actes la certitude et la sécurité dont il ressent le besoin.

III. — **La volonté de puissance**

La volonté de puissance (dont la construction œdipienne n'est qu'un aspect) est avant tout un premier effet cognitif de rationalisation destiné à maîtriser les tumultes émotionnels. De nombreux critiques ont cherché à réduire les conceptions de la psychologie individuelle en prétendant qu'Adler niait la force des pulsions et ne concevait l'activité psychique que motivée par la seule volonté de puissance. Il apparaît évident que l'influence de Nietzsche reste constante dans la pensée d'Adler mais sa *Entlarvungspsychologie (Psychologie du démasquement)*, bien qu'amoraliste, lui apparaît « dans un sens différent du sens nietzschéen de ce terme » (Manes Sperber, *A. Adler et la psychologie individuelle*).

Selon Nietzsche, la volonté de puissance est la représentation de l'humanité supérieure, à la fois le moyen et le but d'une prééminence sur l'humanité devant permettre l'avènement de l'*Uebermensch*, du surhomme ; conception totalement opposée à celle d'Adler : la volonté de puissance signe l'échec de la surcompensation chez un homme infériorisé ; stimulé par son sentiment d'infériorité, le sujet trouve sa valorisation, tantôt dans une activité positivante, tantôt dans des comportements asociaux ou antisociaux. La névrose, née du sentiment d'infériorité, se bâtit sur le désir d'élever, d'exalter le sentiment de personnalité ; c'est là un désir puissant et irrésistible. D'autant plus irrésistible qu'il n'est qu'une force de compensation par laquelle l'homme cherche à pallier son état d'insécurité intérieur. La volonté de puissance est donc l'expression du désespoir de ne jamais obtenir la certitude de sa valeur dans des conditions normales. La volonté de puissance indique ainsi la trajectoire d'une compensation excluant le sentiment social. La volonté de puissance est donc une fiction qui se développe de façon précoce. Son importance sera d'autant plus accrue que sera élevée l'amplitude du sentiment d'infériorité éprouvé par l'enfant. Le désir de sécurité crée l'idéal de personnalité synthèse de tous les dons et de toutes les possibilités dont l'enfant anormalement prédisposé se croit frustré.

Si la volonté de puissance, pour Nietzsche est une qualité supérieure, pour Adler :

— Du côté de la névrose elle n'est que le témoignage d'une compensation mal réussie, elle révèle chez le sujet un manque total d'assurance et d'aptitude à une conduite sociale normale selon les principes d'une relation faite d'échanges réciproques ; ceci a pour conséquence l'échec dans ses rapports avec autrui.

— Du côté de la psychogenèse, du désir qu'a l'enfant de s'assujettir les autres, de les dominer, pourrait émerger une situation semblable à celle rencontrée chez le névrosé, si elle ne trouvait pas sa modération dans l'intervention de l'entourage. Cette intervention permet à l'enfant de développer, parallèlement, les germes indispensables à la coopération, le sentiment social. Dès le plus jeune âge on voit apparaître chez l'enfant le désir d'être capable de maîtriser mais surtout de dominer la situation ; c'est une nécessité pour lui de se conformer à un modèle qu'il place au-dessus de la mêlée et ainsi il s'impose un effort durable pour suivre aveuglément l'idée directrice représentée par la volonté de puissance.

IV. — Du schéma d'inconscient au concept d'incompris

La psychologie des profondeurs tendant à concentrer l'ensemble de son analyse sur la primauté de l'inconscient réduisait la conscience à un second maître aux ordres des processus inconscients. L'intérêt du principe de réalité comme le rôle de la conscience décrite par Freud ne permettent pas de s'engager autant qu'on aurait pu le souhaiter. Pour Adler, tout part de l'individualité *(individuum)* de l'existence humaine. Aucune démarche n'est possible sans envisager ce « *tout* » que représente l'unité indivisible de l'individu. Dans ce contexte, la réalité psychique se fonde sur l'hypothèse de l'existence d'une image d'ensemble de la personnalité où toute individualité est une, et l'approche de l'homme n'est admissible que sur une compréhension de l'effet spécifique de la totalité individuelle. En ce sens, l'inconscient devient le lieu refuge, un artifice utilisé par le « *moi* » chaque fois qu'il se sent menacé dans son unité. Il ne peut y avoir scission, mais mouvement pour sauvegarder l'unité, même si celui-ci détermine une unité morbide. La conscience tient sa définition essentiellement dans le fait d'être en relation. Elle naît et se développe comme compensation de l'infériorité biologique de l'enfant : la conscience se définit comme la forme de rapport de soi avec la réalité du monde extérieur. Elle peut être le reflet de cette réalité, elle la préserve ou la modifie. Elle lui donne forme et consistance, l'évaluant selon une ligne précise : dévaluation ou surévaluation, fonction du tout que le *soi* s'est choisi. Cette compensation permet un mouvement permanent vers ce but y préservant l'historicité, à savoir la continuité et la conscience de cette continuité. La formation de la conscience est donc un acte à la fois comparateur, créateur et réactif. La conscience est l'exclusive d'une créature unique.

Appartenir au genre humain nécessite de devenir un être conscient. Ceci s'appuie sur le système nerveux central et la capacité du cerveau et des sens d'un individu de perfectionner ses perceptions. Les aperceptions de tout être humain sont formées par *un schéma d'aperception tendancieux* correspondant à la ligne directrice ébauchée par chacun, à peu près à la même période. Tous ces mécanismes s'élaborant sur un mode inconscient.

L'inconscient, selon Adler, c'est l'incompris, un *Kunstgrifft,* un artifice, une feinte employés par le conscient pour se tromper soi-même ; tout le soi a tendance à s'assurer les avantages imaginaires ou réels de l'incompris, de l'insondable, dès l'instant où, par nécessité de survie, il s'estime dans l'incapacité de renoncer au conflit psychique. L'unité de la personnalité fait que inconscient et conscient ne sont pas fondamentalement différents et la division n'est qu'artificielle. « Dans une vue d'ensemble sur toute l'étendue psychique, pareille séparation d'un inconscient en tant que partie du moi a beaucoup moins de raisons d'être. Notre science a également tendance à considérer le but du dynamisme psychique comme étant de nature inconsciente, mieux encore incomprise, ne se laissant saisir que par une vue d'ensemble. Il en est de même pour le style de vie d'un sujet, de son opinion sur ses capacités et sur ses possibilités de réponses aux exigences vitales, en fonction de son dynamisme psychique, facteur qui sous-tend toute action. Mais le sujet manque de compréhension et de paroles pour exprimer ses mouvements psychiques. Freud, en considérant la formulation verbale et conceptuelle d'une manifestation psychique comme étant l'indice de l'inconscient, estime la destruction ou le renoncement de la possibilité d'expressions verbales, le manque de sentiments et d'émotions accompagnant normalement la manifestation psychique, la compréhension insuffisante du rapport entre l'attitude et le but final, comme des refoulements de l'inconscient. Afin de contourner les vues de la psychologie individuelle comparée, il est obligé de fournir toutes sortes d'interprétations. Suivant notre conception, toutes ces manifestations sont le résultat d'un style de vie qui s'efforce de maintenir sa forme, sa direction et son dynamisme.

Des incursions dans l'inconscient aboutissent finalement à la découverte de cet instinct d'agression, familier à la psychologie individuelle comparée et qui, dans notre science, signifie une tendance à la perfection, alors que la psychanalyse y voit des manifestations sadiques et masochiques. L'idéal du moi et la censure — cette dernière conditionnée par le premier — façonnés pour les besoins de la réalité, sont, sinon des chefs-d'œuvre de ruse, malice ou servilité, des éléments arrachés pendant la première enfance au sentiment social actif. Ainsi que l'enseigne la psychologie individuelle comparée, la conscience n'est pas seulement faite de mots. On ne peut nier une certaine conscience ni au nourrisson, ni à l'animal. Les sentiments, même non formulés par les mots, comme également les impressions musicales et nos actions, traduisent cette conscience, mais on y trouve rarement la compréhension de l'ensemble. C'est à partir du moment où le tout est exprimé en paroles et confronté de façon irréfutable avec le sens commun, qu'il semble convaincant et qu'il nous donne le droit de convaincre.

Cet incontestable éclaircissement des erreurs dans un style de vie, travail souvent difficile, arrive à convaincre et crée un nouveau style non pas forcément adapté à la réalité existante, mais activement soumis à une réalité naissante et grandissante. Ce point de vue ne réserve plus de place au doute, comme si l'intelligence ne serait pas capable de conduire les pulsions de l'inconscient vers des buts nouveaux » (A. Adler, *Religion et psychologie individuelle*). L'inconscient, « production de l'organe psychique », est le facteur le plus puissant de la vie psychique. « ... L'âme humaine possède la capacité de diriger la conscience, c'est-à-dire de faire quelque chose consciemment lorsque c'est nécessaire au point de vue du mouvement psychique, ou réciproquement de laisser quelque chose dans l'inconscient ou de la rendre inconsciente si cela paraît requis pour le même but » (A. Adler, *Connaissance de l'homme*).

CHAPITRE VII

PSYCHOPATHOLOGIE CRÉATIVE ET THÉORIE DES NÉVROSES ET DES PSYCHOSES

I. — Les exigences de la vie humaine

L'individu en tant qu'être humain ne peut se développer, s'épanouir et survivre seul : il a besoin pour cela de se référer à la communauté des hommes.

L'homme, selon Adler, se définit dans ses rapports avec le milieu ambiant, par l'attitude qu'il développe envers son entourage. A ce titre il doit pouvoir faire face aux tâches que lui impose la vie. Adler y voit trois grands devoirs essentiels, l'esprit social ou sens de la communauté, la vie amoureuse et sexuelle, la réalisation de soi par le travail ou contribution au bien commun. Par la manière dont un sujet aborde ces trois grands problèmes vitaux, il devient possible de saisir ses lignes d'orientation, de le comprendre.

1. **Esprit social.** — L'homme dès son avènement a compris que, pour sa survie, il lui était imposé de vivre en groupe, isolé, il était voué à une disparition précoce. D'abord groupé dans la cellule familiale puis en clan, en tribu, il participe aujourd'hui à cette grande communauté des hommes où coopérer a valeur de Loi pour l'intérêt de tous et de chacun. Le langage, outil de communication indispensable, est né de ce besoin vital de vie en commun, d'étroites relations à la recherche de compréhension réciproque.

Toutes les fonctions de l'individu se développent par rapport à la vie communautaire, et à cette indispensable coopération. Adler rappelle à ce sujet que la tétée, loin de répondre à quelque pulsion sadique chez le nourrisson, signe plutôt son premier acte de coopération entre lui et sa mère. Celle-ci lui offre sa poitrine gonflée de lait, lui apportant nourriture et satisfaction. C'est dans le développement de cette relation et avec l'aide de la mère que l'enfant apprend à développer l'esprit social. La mère peut tout à la fois permettre le développement d'un tel esprit comme son étouffement. Le développement de disposition altruiste plutôt qu'égocentrique ou asociale est à la base de la coopération qui assure les progrès de l'humanité et par voie de conséquence ceux de chaque individu. Le premier devoir de chacun consiste à résoudre le problème posé par la présence auprès de soi d'autres hommes ayant eux aussi des intérêts, des exigences et des droits particuliers qui leur sont propres. Ce devoir est l'expression du sentiment de la communauté, le *Gemeinschaftsgefulh* c'est notre destinée intérieure, expression inavouée d'une société *sub specie aeternitatis* : Chaque époque culturelle forge cet idéal à la mesure de ses pensées et de ses sentiments. De même, aujourd'hui, nous pouvons retrouver dans le passé le niveau variable de l'entendement qui a su concevoir pour une durée incalculable un idéal fécond de vie humaine collective. « *Tu ne tueras pas* » ou « *Aime ton prochain* » ne pourront guère disparaître du savoir ou du sentiment humain en tant que suprême instance. Ces formules et d'autres normes de la vie humaine, aussi inhérentes à notre nature que les mouvements respiratoires et la station debout, peuvent s'incorporer à la conception d'une communauté humaine idéale, communauté considérée ici au point de vue strictement scientifique comme contrainte donnant à l'évolution à la fois une impulsion et un but. Elles donnent à la psychologie individuelle la règle de conduite suivant laquelle tous les autres buts et formes de mouvements contraires à l'évolution seront estimés justes ou faux. Ici la psychologie devient une « psychologie des valeurs ». Cette société devient le but directeur de la perfection. Le besoin de domination est en fait la résultante entre une situation d'infériorité exprimée par le sentiment d'infériorité et le désir de supériorité exprimée par le sentiment social. Cette orientation dans la direction de la perfection et cette recherche de chacun n'est pas à différencier du contenu global de l'évolution de l'espèce humaine.

2. **La vie amoureuse et sexuelle.** — Ce problème consiste à pouvoir s'identifier sexuellement, à admettre le fait que les êtres humains vivent différenciés en deux sens non seulement au plan organique mais également au plan spirituel. L'orientation de l'humanité pour le principe communautaire fait que la résolution de ce problème passe par le choix ou non d'un partenaire sexuel. Cela implique la participation de ce tiers, dans la nécessité d'être deux pour parvenir à la solution. Le rapport amoureux est un acte spécial, une particularité des rapports sociaux : « Dans l'amour, si richement pourvu de satisfaction d'ordre physique et psychique, le sentiment social se montre comme le créateur immédiat et inévitable de notre destinée. (...) il s'agit dans l'amour d'un problème à deux personnes, cette fois-ci de sexe opposé, avec la perspective de la descendance et de la continuation de l'espèce humaine ». (A. Adler, *Sens de la vie*). Aimer l'autre au-delà de soi-même, l'admettre avec ses qualités et ses défauts ; avoir le désir de lui rendre la vie plus belle, demande pour être accompli un certain niveau d'altruisme. « Aucun des problèmes humains ne concerne peut-être de si près le salut et le bien-être de l'individu dans la société que le problème de l'amour. Un problème pour deux personnes a sa structure propre et ne peut pas être résolu de façon satisfaisante à la

manière d'un problème pour une seule personne. Pour satisfaire le problème de l'amour, chacune des deux personnes devrait s'oublier entièrement et se donner entièrement à l'autre, comme si les deux sujets devaient former un seul être nouveau. La même nécessité se rencontre dans une certaine mesure, en ce qui concerne l'amitié et certains problèmes tels que la danse, le jeu ou les travaux pour lesquels deux personnes se servent du même outil dans le même but. Il est indubitable que cette structure implique l'exclusion des questions d'inégalité, de doute réciproque, d'idées ou de sentiments hostiles » (A. Adler, *Sens de la vie*). L'attirance pour autrui, le besoin de partager, de faire don ou de désirer, sur une idée toute personnelle des caractères psychologiques, physiques, esthétiques minimum sont nécessaires au partenaire pour que s'élabore la structure de l'amour. L'idée est elle-même influencée par le milieu dans lequel évolue l'individu. « Bien plus, par sa nature même, l'amour ne peut exister sans une certaine attraction physique. Sans aucun doute, il est aussi inclus dans la nature de l'évolution et dans ses répercussions sur l'individu que l'attraction physique influence le choix du partenaire jusqu'à un certain degré, correspondant au stade de développement atteint par l'humanité. Ainsi l'évolution met nos sentiments esthétiques au service du développement humain, par la figuration d'une façon consciente ou inconsciente d'un idéal supérieur chez notre partenaire ». (A. Adler, *Sens de la vie*). Dans la manière d'aimer s'exprime la personnalité tout entière. C'est dans la petite enfance, fonction de la qualité de la relation avec la mère, qu'un sujet se forge une opinion sur l'amour, et décide de ses modalités d'accès. « S'il reste comme enfant gâté attaché à la mère, il se développera plus ou moins comme un parasite, qui attend de la part de la mère la satisfaction de tous ses besoins, même de ses désirs sexuels à l'occasion. Ceci d'autant plus que l'instinct sexuel qui s'éveille chez l'enfant le trouve dans un état affectif dans lequel il n'a pas appris à renoncer à un désir, étant donné qu'il s'attend de la part de la mère à la satisfaction de tous ses désirs. Ce que Freud a désigné comme complexe d'Œdipe, et qu'il considère comme la base naturelle du développement psychique, n'est rien d'autre *qu'une des multiples manifestations de la vie de l'enfant gâté*, qui est le jouet sans défense de ses désirs non réprimés. Sans oublier que ce même auteur, avec un fanatisme inébranlable, ramène tous les rapports d'un enfant vis-à-vis de sa mère à un schéma dont la base lui est fournie par le complexe d'Œdipe. De même nous devons refuser la thèse, qui paraît parfaitement acceptable à beaucoup d'auteurs, que par nature les filles se rapprochent davantage du père, les garçons davantage de la mère. Là où ceci se produit sans que l'enfant ait été gâté, nous pouvons voir une certaine compréhension de son rôle sexuel futur, don d'un stade ultérieur de la vie, où l'enfant, comme dans un jeu, et généralement sans mettre en mouvement l'instinct sexuel, se prépare pour l'avenir tout comme il le fait dans d'autres jeux. Un instinct sexuel tôt éveillé, et pour ainsi dire irrésistible, témoigne en premier lieu d'un enfant égocentrique, le plus souvent dorloté, qui ne sait renoncer à aucun désir » (A. Adler, *Sens de la vie*). Donc, le comportement sexuel d'un individu se comprend dans son contexte psychique global. Toute relation qui débouche sur l'unique satisfaction de ses propres besoins en déniant tout espace vital à l'autre, place le sujet devant des problèmes de nature pathologique : névrose, déviation sexuelle. La protestation virile décrite par Adler exprime le sentiment de ne pas être viril et le fait d'utiliser la volonté de puissance en tant que compensation à ce qui est considéré comme déficience. Ce fait s'appuie sur l'influence de la société dont la structure machiste peut déstabiliser des femmes qui souffrent des avantages sociaux, réels ou supposés, réservés aux hommes.

3. **La réalisation de soi par le travail, contribution au bien commun.** — Ce problème consiste dans la participation à l'effort d'autres êtres humains en vue de conserver et d'assurer la vie par la collaboration de chacun au travail collectif par son activité sociale. Généralement la qualité d'adaptation d'un sujet s'affirme par son activité. La préparation de l'individu à sa contribution au bien commun commence dès la naissance, dans les premiers rapports du nourrisson avec la mère lui enjoignant, par les premières impulsions, à s'insérer dans la vie comme élément nécessaire d'un ensemble. Cette préparation se poursuit à l'école ou dans toute autre institution qui en tient lieu. « L'école a grandi organiquement avec les besoins du peuple. Elle a toujours montré des structures exigées par les besoins de la société, telles que nous les trouvons à une époque de commerce florissant et de technique intensifiée. A partir de ce moment apparut la nécessité d'une école populaire. Cette école populaire a adopté différents aspects correspondant aux exigences des pouvoirs régnants. Nous nous trouvons actuellement en face d'une question capitale, à savoir comment une école doit être organisée. Il est hors de doute que l'école doit être considérée comme la base de toute l'éducation du peuple. La mission de l'école est de développer des hommes capables de travailler dans la vie de façon autonome, de considérer les exigences de la communauté non pas comme l'affaire d'autrui, mais les concernant eux-mêmes, les incitant à participer à ses solutions. Il est évident qu'il faut créer au sein de la famille et de l'école, des dispositions permettant de trouver, à la fin de la scolarité, les hommes appropriés aux aspirations de la société » (A. Adler, *Ecole et psychologie individuelle comparée*).

II. — Les réponses inadaptées de la vie

La psychologie adlérienne cherche à « montrer que l'évolution psychique de l'homme et les déviations qu'elle subit, c'est-à-dire les névroses et les psychoses, sont déterminées par l'attitude qu'adopte l'homme à l'égard de la logique absolue de la vie sociale. C'est du degré de déviation, c'est-à-dire de l'inadaptation aux exigences cosmiques et sociales, que dépendent et le degré et la nature des troubles psychiques » (A. Adler, *Tempérament nerveux*). Chez le sujet « *nerveux* », inadapté, névrosé, psychotique ou autre, il apparaît que tous ses efforts sont dirigés vers un but qui n'est pas celui du commun des mortels. Toute son énergie s'épuise pour un monde d'illusions fictif, différent du nôtre. La grande opposition dans laquelle il se trouve avec la vérité absoluc n'a qu'une fonction, celle de l'éloigner de la réalité en la déformant.

Aucune défection organique n'est en cause dans une telle attitude, celle-ci est déterminée par un sentiment d'infériorité qui s'origine dans l'enfance plus ou moins difficile du sujet. Les expériences réelles d'infériorité conditionnent l'apparition d'erreurs diverses qui ont une influence marquée et décisive sur le développement psychique. Le sentiment d'infériorité va de pair avec un mouvement compensateur dirigé vers un but de supériorité. Ce sentiment universel est perçu à des degrés divers chez tout le monde et n'est pas en lui-même répréhensible. Selon Adler, c'est dans le sentiment d'infériorité que l'on puise le stimulant nécessairc pour persévérer du côté utile de la vie. « Son sens et la valeur dépendent entièrement de l'usage qu'on en fait. Ainsi un enfant peut difficilement aller vers une résolution positive des problématiques scolaires, si le sentiment social est à peine développé et l'impression de son insuffisance trop forte. Les échecs répétés et la situation d'échec même passagère ou supposée vont déclencher en lui la tendance à la compensation. Cette compensation sera imprimée dans le sens de la supériorité et non dans le sens de la perfection.

Le vécu trop intense de son infériorité dans la réalité aboutit à la perte du courage de pouvoir résoudre de façon positive ses problèmes vitaux, dans le sens de l'ajustement à la société. Il n'y a plus recherche du but réel de la perfection ou du succès mais celle du but fictif de la valorisation personnelle. Dans ce monde de fiction il développe un sentiment illusoire de valeurs supérieures. Tout ce qui ne s'inscrit pas dans son économie de fonctionnement est vécu comme mauvais ou embarrassant. Il se défait de son pesant sentiment d'infériorité pour en faire une arme : « Pourvu que dans ses malheurs il devienne le centre d'une attention particulière. C'est là l'une des capacités du psychisme à transformer un sentiment d'infériorité trop pesant et étouffer un sentiment social trop gênant. » Il y a, nous dit Adler, « fuite hors de la réalité dans le monde de l'apparence et de la fiction ». Cette notion typiquement adlérienne, selon O. Spiel, ouvre la voie pour une compréhension plus affinée des défauts caractériels.

Cette notion est explicitée dans un schéma paru dans la *Revue de Psychologie individuelle comparée* et reproduite par O. Spiel :

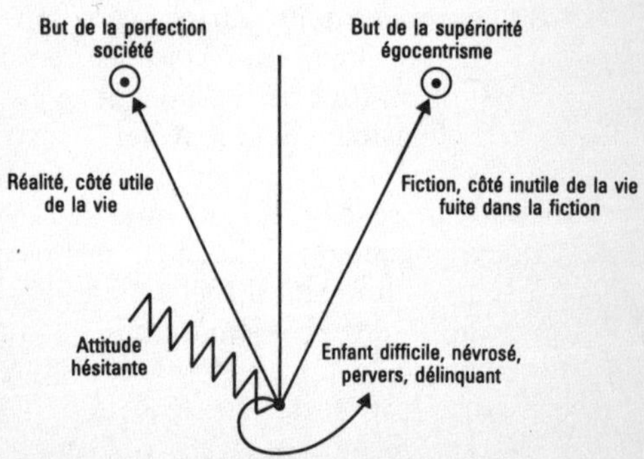

« Le trait vertical sépare le domaine de la recherche de la perfection de la notion de société *sub specie aeternitatis* », ce qui est donc au sens social et que l'on a désigné dans un sens plus élevé comme étant utile, du domaine de ce qui va à l'encontre de la société, de ce qui est donc gênant pour elle et que d'une façon générale on peut qualifier d'inutile.

Du côté utile, le but des efforts est la perfection ; du côté inutile les efforts tendent vers la supériorité. Etant donné que tout mouvement psychique est inspiré par une intention, il importe pour la conduite humaine de savoir lequel de ces deux buts possibles le sujet s'est fixé. Il reste toujours une certaine possibilité de quitter le côté utile de la vie pour se diriger vers le côté inutile. Cette possibilité résulte du fait que la vie nous pose constamment des problèmes. Celui qui, par son sentiment d'infériorité, et de l'influence de son sentiment social, ou ce qui revient au même de l'insuffisance de son courage, ne se croit pas capable de résoudre les problèmes posés par la vie, les considérant comme trop difficiles, déclenchera un recul devant ces problèmes tout en restant du côté utile de la vie, en adoptant une attitude hésitante et en ralentissant son dynamisme, ou encore, succombant à la tentation, franchira dans sa fuite les frontières du pays de la fiction et se fixera dans ce pays.

Le côté inutile est la partie de l'homme ayant des difficultés caractérielles qu'illustrent par exemple les enfants difficiles, les névrosés, les psychopathes, les délinquants, les pervers, les prostituées, les candidats au suicide, etc. (O. Spiel, *La doctrine d'A. Adler*).

1. **Les enfants difficiles.** — Ce terme « difficile » bien qu'actuel pourrait à notre époque prendre valeur de niaiserie s'il n'est pas compris selon l'acception adlérienne. Il s'agit ici d'enfant présentant des problèmes d'adaptation à des situations spécifiques, de

façon permanente ou passagère, ou présentant des difficultés éducatives de formes diverses (caractériel, mensonge, cruauté, timidité, énurésie, inhibition, constipation, anorexie ou boulimie, etc.) sans que ses états d'âme soient symptomatiques de l'existence d'une psychose.

Rappelons que, dès les premiers jours de la vie, le mode de relation établi entre l'enfant et l'entourage est primordial pour le développement de sa vie psychique, l'élaboration et le développement de son style de vie. Or le style de vie d'un enfant, ainsi que l'appréciation qu'il peut avoir de lui-même, restent immuables, tant qu'il n'est pas soumis à son autocritique et qu'il n'a pas connaissance de lui-même. Or, l'évolution de l'être humain se fait, motivée par une adaptation insuffisante de sa corporalité, sous l'influence bénéfique de la communauté et grâce au processus de compensation.

Mais cette évolution ne s'affirme réelle que lorsque tous les instincts à l'origine dépourvus de but trouvent leur orientation dans le sens de l'utilité social ; une fois que l'individu se définit sujet social. Nombre d'individus, nous dit Adler, enfants et adultes, ont la vie gâchée uniquement par le fait qu'ils n'ont pas pu réaliser un contact satisfaisant avec leur mère, et, partant avec la société. La présence d'infériorité de certaines fonctions organiques peut être à l'origine des difficultés de l'enfant, ainsi des défauts dans le développement des organes de communication tel que le langage (retard, bégaiement, etc.), de la compréhension, peuvent être des obstacles empêchant d'établir des contacts. Le décalage du développement de la compréhension dans le sens d'une fonction demande à être valable pour tout le monde.

Nos pensées n'ont de valeur que dès l'instant que tout être pensant est susceptible de formuler des pensées semblables. Nos idées n'ont de sens que si elles peuvent être mises à l'épreuve par le contact avec les autres. Chez l'enfant l'inaccessibilité au sens moral (produit du sentiment social, fonction de la société, l'une des formes vitales des êtres humains vivant dans une interréaction) permet d'évaluer le trouble du contact chez celui-ci. Au nombre des enfants difficiles nous devons considérer le cas de *l'enfant gâté*. Cette expression simple, en réalité, désigne toute la complexité de la relation narcissique mère-enfant : il s'agit là d'un enfant mal-aimé, c'est-à-dire aimé non pour lui-même, mais pour soi. Le contact établi par la mère avec l'enfant n'autorise aucun espace à celui-ci qui lui permette d'avoir un regard sur les autres ni d'évaluer le regard des autres. La relation mère-enfant est si envahissante qu'elle exclut toute intervention d'un tiers. L'enfant se développe dans le giron maternel sans pouvoir faire l'expérience des difficultés. La mère, par sa supériorité, devançant tout « signe » inhibe toute initiative de son enfant et de surcroît lui communique tout ou partie de son angoisse. C'est dans ce climat que l'enfant évolue sans pouvoir épanouir ses propres capacités et développer ses propres mécanismes. « L'enfant anxieux appartient à ce même groupe de sujets gâtés, l'anxiété n'étant rien d'autre qu'un appel au secours. A chaque pas, nous retrouvons ce besoin d'aide chez ces enfants. Ce besoin a tellement pénétré la personnalité de l'enfant dans tout son comportement physique qu'il ne peut rester debout et s'appuie constamment contre quelque chose (un mur, un meuble). Si la mère est présente, il s'appuie contre la mère, hurlant lorsqu'elle le quitte. A la longue, cela devient une lourde charge pour elle. Ainsi se venge cette erreur éducative sur la personne même de celle qui l'a commise. L'enfant a acquis des formes vitales inhabituelles et rien ne sert de lui faire des remontrances, pas plus que de le gronder dans le cas où l'enfant, devenant turbulent, ne s'endort pas, gêne le repos nocturne, dans l'unique but de se lier à la mère. Pendant le sommeil le sentiment d'isolement peut être si fort que les enfants commencent à crier la nuit, représentant ainsi une des formes de “l’enfant nerveux” » (A. Adler, *L’enfant difficile*).

Les déficiences du contact avec les autres êtres humains engendrent chez un enfant un développement hasardeux et l’établissement d’un équilibre précaire. Il est opprimé par ses rapports sociaux. Il n’apprend pas à développer l’estime de soi et vit dans un climat anxiogène permanent, le milieu lui paraît hostile. D’où son hostilité et son anxiété permanentes, craignant toujours d’être désaxé, il est toujours dans la rupture des contacts, dans la recherche par la fuite permanente d’un espace et d’un climat sécuritaire. Mais ceux-ci, à ses yeux, ont tendance à diminuer, laissant place au découragement. L’enfant cultive un manque de confiance en lui-même et en son avenir. Cette construction, dont la mise en route se situe bien avant l’âge scolaire, se révèle dès les premiers moments de sa scolarisation. Ses capacités et son développement sont insuffisants car il n’a pas appris à gérer ses acquisitions. Tout ceci a des racines profondes et se réfère à l’élaboration de la personnalité et au développement même de l’enfant. Cet enfant, qui n’est pas à confondre avec l’enfant autiste ou handicapé mental, a dans ses contacts avec le groupe la révélation du sentiment de son incapacité, de son inutilité. L’inadaptation des réponses sociétales, tels que rentabilisation et rendement, renforce son sentiment de découragement. Or, il est vital qu’il y ait une issue à cette crise, d’où la tendance à céder du côté inutile de la vie, entraînant ce qu’Adler appelle un état de négligence complète, voire de délinquance. Il se marginalise, ayant de plus en plus la certitude de ne pas appartenir à la collectivité.

Cet enfant difficile souffre de l’absence d’une expérience sociale, ou du soutien de quelqu’un, capable de le placer dans une situation qui lui soit adaptée, lui facilitant le développement des facultés nécessaires au contact interhumain. Adler, bien avant la lettre, a préconisé que l'on analyse et que l'on travaille au niveau des systèmes familiaux, que tout enfant soit incorporé dès l'âge de trois ans à une collectivité (A. Adler, *Les enfants difficiles*, 1926).

Les enfants difficiles sont en fait des enfants qui souffrent d'un fort sentiment d'insécurité ; pour Adler, ces enfants comme tous ceux qui se trouvent confrontés à leurs infériorités doivent bénéficier d'attention particulière, qui relève davantage d'actes éducatifs et préventifs, que d'actes thérapeutiques. De la qualité des prestations des éducateurs, des parents dépendra la direction des tendances de l'enfant soit dans le sens d'une activité socialement utile, soit dans le sens du découragement, de la délinquance ou de la névrose.

2. **La nature des névroses.** — La névrose apparaît donc chez un sujet mal ou insuffisamment préparé à porter une solution aux problèmes de la vie. Celui-ci, démuni, développe toute une stratégie qu'Adler désigne par le terme *nervosité*, et qui paraît chargé d'états affectifs. Elle est faite d'irritabilité, de méfiance, de timidité, d'enfermement sur soi, de symptômes organiques de tout trait de caractère négatif. La névrose se développe en rapport avec une vie affective amplifiée, reposant sur une hypersensibilité du sujet, expression du sentiment d'infériorité.

L'une des particularités de la névrose établie par la psychologie individuelle comparée est « que celle-ci se manifeste toujours en face d'un problème social alors qu'il ne se manifeste jamais si la situation est favorable au sujet », confronté à ce facteur exogène le complexe d'infériorité est mis à jour. L'insolubilité du problème actuel produit des tensions psychiques hors du commun révélatrices d'une menace imminente, tant que le sujet apparaît incapable de fournir ce qu'exigent les problèmes vitaux, à savoir : sentiment social, coopération, intérêt pour le groupe. Un ébranlement morbide est produit par le choc provoqué lors de la révélation ou la conscience de l'insuffisante préparation du moi. Le sujet n'aspire pas à la solution du problème présent, qui exige un peu plus du sentiment social mais, à l'inverse, il aura une certaine jouissance à se comporter avec ces troubles, stagner et à les considérer comme l'unique justification de leur inefficacité face aux problèmes. La crainte de la défaite est beaucoup plus forte que l'appât du succès. « L'intéressé, nous dit Adler, souffre réellement mais préfère encore cette souffrance à la souffrance plus grande qu'il éprouverait s'il devait laisser paraître son échec devant le problème qu'il avait à résoudre. Il préfère se soumettre à toutes les souffrances nerveuses plutôt qu'à la mise à nu de son manque de valeur (...) si on tient compte de l'hypersensibilité, de l'impatience, de l'intensification des états affectifs, de l'ambition personnelle, on peut comprendre qu'il ne sera pas possible de faire faire un seul pas en avant à un pareil sujet tant qu'il se croira en danger de voir découvrir son manque de valeur. Quel est l'état affectif qui suit les effets de choc ? Celui qui en est la victime ne les a pas produits ; il ne les désire pas ; ils existent bien cependant en tant que conséquence d'un ébranlement psychique, d'un sentiment de défaite, en tant que peur qu'on puisse découvrir son manque de valeur. Il n'est pas vraiment décidé à lutter contre ces effets et il ne sait pas non plus comment s'y prendre pour s'en libérer. Le sujet aimerait les éliminer, il persiste à dire : "*Je voudrais guérir, je voudrais être libéré de ces symptômes*" (...) mais ce qu'il ne sait pas c'est qu'il craint par-dessus tout, d'être découvert comme étant sans valeur. Le sombre secret de son manque de valeur pourrait percer au grand jour. Maintenant nous voyons ce qu'est en réalité une névrose : un essai d'éviter le plus grand mal, un essai de maintenir à tout prix l'apparence de la valeur tout en désirant arriver à ce but sans payer de frais. Malheureusement, c'est impossible » (A. Adler, *Sens de la vie*). Chacun doit en fait se résigner à partager l'avenir avec ses semblables.

Il ne peut donc dès lors répondre de façon instinctuelle aux pulsions agressives *(Aggressionstrieb)* qui le définissent à l'origine, la société *(Gemeinschaft)* par son omniprésence modifie par inhibition *(triebhemmung)* l'*Aggressionstrieb*, la transformant en sentiment de solidarité *(Gemeinschaftsgefühl)*. « Le comportement individuel est déterminé par la confrontation entre le sentiment de solidarité et le projet agressif de l'individu sur l'avenir, à savoir la communication altruiste, l'ouverture sur le partage et sur l'autre, l'orientation individuelle égocentrique vers l'avenir ou motivations instinctuelles, idéales de la personnalité fictive.

« Il est indéniable que chacun trouve ici la mesure de cette contradiction. Tout se détermine dans la capacité qu'il intègre de manière viable cette lutte internalisée. L'échec de celle-ci signe l'inadaptation et détermine la névrose ou la psychose. (...) Les traits de caractère et les dispositions affectives sont avant tout au service de la fiction directrice. La ligne d'orientation, presque verticalement ascendante, que suit le nerveux, exige des moyens particuliers et des formes de vie spéciales, les uns et les autres se résumant dans ce que nous appelons le "symptôme névrotique". Partout où son système de relation névrotique est susceptible d'être mis en mouvement, même dans des endroits éloignés de son entourage immédiat, le malade établit des dispositifs destinés à assurer sa sécurité, dispositifs de clôture et de couverture souvent incompréhensibles, mais dans lesquels s'affirme impérieusement et victorieusement son impulsion centrale : la volonté de puissance. D'autres fois, lorsque la ligne droite ne lui paraît pas devoir le conduire au triomphe qu'il recherche, il s'engage dans des voies latérales, prend des chemins détournés, mais en ayant toujours soin de ne pas perdre de vue la ligne principale. Souvent le névrosé remplace certains phénomènes nerveux par d'autres, jusqu'à ce qu'il tombe, par une sorte de tâtonnement, sur le symptôme le plus grave, celui qui s'accorde le mieux avec l'idée directrice » (A. Adler, *Le tempérament nerveux*). Ainsi donc Adler, *a contrario* de Freud, situe l'explication de la névrose non pas dans le passé du sujet mais dans ses échecs par rapport à l'avenir.

3. **La nature des psychoses.** — Adler est l'un des tout premiers cliniciens à considérer l'origine psychogène des manifestations psychotiques. La psychose est l'expression de l'effondrement de l'individu face aux problèmes de la vie. Elle résulte de l'inaptitude totale à répondre aux trois exigences inexorables de la vie. Dans le cas de la schizophrénie, l'expérience du contact du sujet avec ses semblables ne s'est pas ou n'a pu se réaliser, cela résulte d'un ratage au niveau de la fonction maternelle : l'indispensable interprétation de la société à l'enfant ne s'est pas faite : « Le devoir social de la maternité est d'interpréter la société à l'individu et si la mère faillit à ce devoir, celui-ci risque d'incomber beaucoup plus tard au médecin, qui est lourdement handicapé pour son accomplissement. La mère a l'énorme avantage de la relation physique et psychique, elle représente pour l'enfant la plus grande expérience d'amour et de communion que celui-ci puisse jamais connaître. Son devoir est d'assumer le développement psychique de l'enfant comme elle a assumé son développement physique en inculquant à sa conscience, afin d'en assurer le développement, des notions justes de la société, du travail et de l'amour. De cette façon, elle transforme graduellement l'amour que l'enfant a pour elle et sa dépendance à son égard en une attitude bienveillante, confiante et responsable envers la société et tout son milieu. C'est le double rôle de la maternité de

donner à l'enfant l'expérience la plus complète possible de la communion humaine, puis de l'élargir en une attitude générale envers autrui » (A. Adler, *Les névroses*). Hallucinations et idées délirantes sont l'expression de la personnalité. Le sujet dans son idée délirante s'est fixé un but fascinant et, par le truchement du mécanisme de la distance, ce malade psychique réussit à assurer, grâce à ce mensonge vital, le sentiment de sa personnalité. L'idée délirante est « le produit de la contrainte de l'idée dominante et elle satisfait le but : décharger de sa responsabilité, et assurer du fait de la distance le sentiment de personnalité » (A. Adler, *Pratique et théorie de la psychologie individuelle comparée*). L'idée délirante, chez le sujet, a valeur d'un pont symbolique, en tant qu'accomplissement de son but, dans le système de sa relation au monde ; son sentiment social est étranger à la logique et à la coopération qui lient la communauté des hommes.

Chapitre VIII

L'ÉDUCATION

Psychopédagogie

La priorité absolue accordée à l'éducation ne souffre pas d'exception et se justifie par l'enjeu : l'enregistrement, en partie indélébile, d'impressions sur sa propre valeur, sur celle de la vie et du monde à travers le cosmos en miniature dans lequel se meut l'enfant. C'est, en amont, le climat familial avec les échanges affectifs, les rapports entre frères et sœurs, l'image du couple parental qui amènent l'enfant à se positionner positivement face à la vie, à expérimenter ses capacités dans la sécurité de son milieu. Après ce sera trop tard et il ne faut pas compter sur la vie pour rectifier les premiers schémas d'une manière significative, car les expériences ultérieures seront elles-mêmes interprétées en fonction du schéma antérieur, alors intériorisé. Il n'est besoin que de trois à cinq ans pour automatiser définitivement les acquis socio-culturels initiaux. Après, seule une psychothérapie, avec toutes ses implications d'angoisse, d'échec, de désespoir sera de nature à restructurer ce qui s'était organisé en système inadéquat.

Le souci éducatif doit s'étendre à l'institution scolaire, seul outil, encore aujourd'hui, officiel et généralisé qui ne peut se contenter de transmettre un savoir intellectuel et technique. La fonction de l'école dépasse l'acquisition des connaissances. Elle doit faciliter le passage vers la maturité et une certaine sagesse. L'école ne peut pas se charger d'enfants enlevés du cocon familial en état d'immaturité et conduits à travers la puberté jusqu'à l'aube de la vie responsable sans se charger aussi de l'entretien de l'équilibre affectif et d'une vraie socialisation.

L'apprentissage de l'acceptation des différences, des limites imposées par les exigences, les désirs, les pulsions des autres, fait partie intégrante de son rôle. Son attitude doit être encourageante et non répressive, car la motivation par la peur marque un recul dans le développement des capacités individuelles.

Ce besoin d'éclairer ceux qui éclairent est à l'origine des centres de consultations pour enseignants et enfants en échec scolaire ou perturbés (1920). Le développement ultérieur de ces idées aboutit à des ouvrages de synthèses, véritables manuels à l'usage de tous les éducateurs, où la théorie apparaît comme une explication enracinée dans la logique du bon sens de phénomènes visibles souvent mal compris. En 1929 paraît *Ecole et psychologie individuelle* et *L'enfant difficile* et, en 1930, *L'éducation des enfants*. Ces ouvrages ont la même structure. Adler part d'une situation donnée (échec en classe, incontinence...) ou d'une caractérologie usuelle (l'enfant gâté, l'enfant découragé, le vantard...) et démontre que ces attitudes sont les manifestations d'un style de comportement, acquis dans des circonstances données, dans une histoire donnée, avec une hérédité physique donnée. Ce comportement découle d'impressions éprouvées par l'enfant dans ce milieu et est destiné à lui procurer la meilleure ou la moins mauvaise solution. Une partie de ce comportement échappe à la compréhension de l'enfant lui-même et à ses observateurs proches. C'est pour bien diriger et compenser les erreurs de ce comportement que les éducateurs doivent savoir : 1 / que la personnalité est une ; que l'inconscient (l'incompris) œuvre dans le même sens que le conscient ; 2 / que l'enfant a souvent une bonne raison de se sentir inférieur, faible ; 3 / qu'il cherche la supériorité par tous les moyens, même la soumission (il se fait aimable, adorable, docile), l'indifférence, les attitudes hostiles, agressives — le refus des principes éducatifs, la délinquance ; 4 / que l'enfant est fragile et vulnérable et qu'il lui faut, comme à une plante, un cadre de vie favorable pour s'épanouir : aide, conseils, autonomie et encouragement.

En 1921, s'ouvrit une école de 27 classes avec un millier d'élèves où l'on pratiquait « la discussion en classe ». Discussion où, prenant la place de l'enseignant, la « communauté » de la classe essayait de devenir l'éducateur de chaque enfant. On leur montrait les raisons cachées du comportement erroné de chacun, sans jugement de valeur. On leur montrait qu'on pouvait se corriger.

L'intérêt des vues d'Adler en psychopédagogie se situe sur plusieurs plans : c'est vraisemblablement le premier système aussi complet de pédagogie en profondeur ; son caractère prophylactique situe l'éducation en amont de la thérapie et partage avec elle les responsabilités de l'équilibre de l'individu ; elle est de par quelques-uns de ses principes le prototype des relations humaines en général : compréhension des attitudes en fonction du but poursuivi par le style de vie : quelles techniques un individu trouve pour se sécuriser. Elle implique certaines attitudes : ne pas mettre, par des attitudes déplacées, l'individu dans l'obligation de se défendre, de se venger ; nécessité de voir les choses sous un aspect positif et encourageant ; elle se trouve à l'origine des idées d'hygiène sociale de psychologie sociale.

Toute une optique actuelle des relations humaines, fondée sur un rapport plus horizontal que vertical, positif plus que critique, visible dans les conseils en formation, en entreprises ou en associations, correspond aux idées d'Adler semées dans le climat social plus ouvert de l'Amérique.

Héritage, hélas pour sa renommée, dilué dans le patrimoine commun.

Le rôle de l'école est irremplaçable car elle peut orienter l'énergie individuelle dans un sens communautaire par le renforcement des aspects positifs de l'enfant. L'école peut et doit exercer, à la suite et avec la famille, une fonction prophylaxique en matière de troubles psychiques et joue un rôle primordial dans le maintien d'une hygiène mentale.

CHAPITRE IX

L'HUMANISME ADLÉRIEN

Parti d'observations des organes déficients, avant 1907, Adler a eu comme premier objectif la recherche de la genèse des névroses, les répercussions psychiques des déficiences organiques. A partir de cette notion du psychisme, prolongement du somatique, réaction au corps, Adler va évoluer progressivement vers une élaboration du psychisme individuel essentiellement marqué par ses réactions à toutes les influences subies pendant les quatre ou cinq premières années. Cette réaction ne peut déjà se formuler qu'en termes relationnels, liés à une notion de normes. La pensée finale d'Adler évolue vers une psychologie de l'histoire de l'humanité, où l'individu est plus ou moins solidement enraciné dans un tissu de relations. Individu et corps social sont intimement liés. L'adoption du sens communautaire (sens social ou intérêt social) comme référence de la santé mentale, de l'activité humaine positive, dégagée de l'objectif borné de profit individuel, situe l'évolution de l'homme dans un sens oblatif de l'individu au service du bien de l'ensemble. La communion entre les individus pour un bien supérieur reste le but à atteindre. La planétisation de la société communautaire est le terme final vers lequel l'humanité s'achemine, vaille que vaille, avec maints heurts et maintes régressions.

Adler ne se fait pas d'illusions lorsqu'il décrit sa société où l'individu travaillera pour l'ensemble qui lui redistribuera tous les fruits de son travail, enrichi de celui des autres, où il n'y aura ni gagnant, ni perdant, où chacun aura des conditions favorables pour se développer, où l'école sera, enfin, un véritable lieu d'enrichissement de l'esprit de la personnalité. Cette société n'existe pas encore, mais elle se construit peu à peu avec la maturation de l'humanité, et nous n'en sommes encore qu'à l'aube, malgré les progrès déjà accomplis. Le décalage entre le progrès technologique et le progrès proprement humain, ainsi que l'utilisation de la technique pour détruire l'homme témoignent de cet état. Cette société, il la voit comme prédestinée de toute éternité comme point final de l'évolution, société qu'on peut espérer, dont on peut rêver, mais à l'avènement de laquelle on ne peut que participer modestement et sans grand espoir de la voir s'instaurer maintenant. « En attendant, il reste à espérer que dans un temps lointain la puissance du sentiment social triomphera de tous les obstacles... s'il est donné à l'humanité suffisamment de temps pour cette réalisation » (*Sens de la vie*, 1933).

Tous les progrès de la civilisation accomplis par nos prédécesseurs célèbres ou anonymes sont là pour en témoigner.

La psychologie d'Adler est humaniste, car elle fait du phénomène humain le phénomène privilégié d'une espèce qui, au départ, n'était pas spécialement destinée à être le centre de la vie, un phénomène lié à l'évolution de son système nerveux, de son cerveau, de son corps, de son psychisme et de son organisation sociale, appelée à se perfectionner. La plus belle invention, un des premiers grands progrès de l'humanité, c'est de s'être réuni pour survivre, d'abord, puis pour vivre, créer et changer le monde. La psychologie d'Adler est humaniste aussi parce qu'elle propose un modèle explicatif des mécanismes fondamentaux de l'homme et qu'elle suggère un modèle d'action, une éthique individuelle et sociale, conformes à ces mécanismes profonds et à la ligne directrice du progrès humain.

La psychologie adlérienne se tient sur le terrain solide de l'évolution (*Sens de la vie*, 1933) et la compréhension des mécanismes de fonctionnement du psychisme ne peut se faire qu'à travers l'expérience phylogénétique et ontogénétique. La loi dynamique qui définit tout être vivant, c'est naître, grandir, réaliser ses potentialités et assurer son existence à travers la mort avant de mourir soi-même. C'est la loi du végétal, c'est celle de l'animal qui, mieux équipé neurologiquement, s'y conforme d'une manière plus individualisée, c'est celle de l'homme qui, dans la limite de ses contingences et de ses déterminismes, s'y adapte créativement et donne sa marque indélébile à la Terre. Cette loi universelle du vivant n'est que l'expression de son désir de vivre le plus pleinement possible, désir dont la *struggle for life* de Darwin, la lutte pour l'existence, est la traduction réaliste dans ce monde de dangers et d'embûches où la mort de l'un sert la vie de l'autre.

Avant l'arrivée de l'être humain, l'équilibre fait de la mort continuelle des uns au profit de la subsistance indispensable des autres se maintenait. L'émergence de l'Homme a bouleversé l'économie du vivant. Par sa culture, l'homme s'est réservé un espace de vie, l'a organisé par ses lois, ses codes et, très lentement, s'est engagé sur la voie du progrès. La mesure du progrès n'est pas à l'échelle humaine, mais ce progrès conduit d'une manière irréversible, malgré ses régressions momentanées, ses insuffisances, vers une culture qui ne peut qu'être humaniste, car c'est un constant idéal du progrès humain que de faire de l'individu un être autonome, à l'aise avec lui-même dans une société qui sait le mettre à l'aise. L'homme est un produit bio-social et n'apparaît qu'enraciné dans le tissu multirelationnel. Adler se refusait à envisager l'étude d'un homme extrait de son contexte social. « Le développement de l'être humain n'est pas affaire privée, car l'homme est un produit social. » Adler part d'un constat biologique : l'homme est un être faible, fragile. Son émergence dans l'évolution est celle d'un être précaire, spécialisé en rien, moyen en tout. Tout ce que l'homme a entrepris dès les origines, il l'a fait à cause de sa faiblesse, soit en la subissant, soit en la transcendant. Tout ce que l'homme a réalisé, il l'a fait pour échapper à l'insécurité primaire inhérente à cette faiblesse et aux frustrations qui en découlaient.

Dans ce climat d'insécurité que sa conscience a rendu plus aiguë et moins supportable qu'à l'animal, face à l'incertitude de la naissance, de la maladie, de la famine, de la brutalité de la nature, de la sauvagerie des animaux et à la certitude de la mort, l'homme n'a eu qu'une seule supériorité, un seul atout : son esprit qui lui a permis d'organiser son espace social et de s'adapter au monde. Cette précarité foncière de la vie a pu en abattre plus d'un, mais elle a généré le progrès par la volonté d'éviter les dangers, de compenser les déficiences, de vaincre les obstacles. Cette instabilité inconfortable de l'existence a marqué l'humanité et survit dans chaque être humain qui vit dans sa propre chair, au plus profond de son âme, l'expérience traumatisante de la faiblesse et de l'insécurité de la vie. L'enfant de toute époque se sent petit, faible devant le monde des adultes et de fait il est fragile, vulnérable, démuni de tout, dépendant pour tout. Dans les conditions de vie culturellement évolué, l'enfant, n'ayant pas d'autres repères que sa petitesse revit les mêmes impressions d'insécurité et d'infériorité qu'ont ressenti les quelques milliers de générations qui l'ont précédé. L'homme agit selon le schéma universel du vivant : *ni bon, ni mauvais, mais fragile, il veut vivre à tout prix, il veut réaliser le maximum de ses potentialités.* Ce que recherche tout être humain, c'est échapper à l'angoisse de l'insécurité, c'est fuir sa condition inférieure ; ce que recherche tout être humain, c'est la sécurité toute sa vie, l'estime, la reconnaissance de sa propre valeur, de sa spécificité, l'amour qui est à la fois reconnaissance de soi, sécurité affective et activité créatrice. L'homme n'est pas ce réservoir d'instincts bruts voire brutaux, pervers ; il est fragile et cherche à s'affirmer en se protégeant. Et si des pulsions explosives l'habitent, ce ne sont que ses désirs de vivre que des conditions peu favorables ont empêché de s'épanouir et ont surexcité en les mutilant.

Sa conscience rend beaucoup plus flexibles, beaucoup plus plastiques ses pulsions ; son intelligence lui permet une plus grande créativité dans l'adaptation et l'organisation de sa vie, mais elle augmente ses exigences. Et la fragilité, la limitation de sa nature se répercutent sur sa conscience et son intelligence et en limitent l'efficacité par des vues partielles, subjectives, erronées, en les fixant aux impressions ayant marqué leurs premières de la vie.

Cette plasticité subjective rend tout possible ; chaque être a toujours une occasion de ressentir l'écrasement d'une infériorité : physique, affective, sociale, économique, ethnique, culturelle et toutes les stratégies pour y échapper peuvent se justifier, car pour s'affirmer et se protéger, l'homme est capable de justifier toute démarche, qu'il croit être à son avantage, la meilleure comme la pire. Pour une personnalité en insécurité ou aux abois, même les attitudes les plus nocives pour les autres ou les plus dangereuses et irrémédiables pour lui-même comme le suicide trouvent leur justification. Le processus de compensation est une démarche universelle chez l'homme, indissociable du sentiment d'incomplétude, d'imperfection, pour réaliser ses tendances, pour satisfaire ses besoins tels que ses impressions initiales les lui ont révélés. Le processus de compensation est à la base du progrès individuel et culturel. La connaissance de ce schéma de base entraîne une approche de l'homme respectant ce schéma naturel. La garantie d'un développement positif de l'individu immergé en société — et il n'en existe pas d'autres — passe par l'élaboration d'attitudes éthiques collectives où le moral, le social et le culturel se rejoignent. Le stade d'évolution social d'une civilisation est le seul critère acceptable pour une société humaine. Elle ne devrait avoir qu'un référentiel : l'homme social donc devient synonyme de moral, l'attitude sociale devient point de convergence des efforts d'une humanité qui se cherche. Une morale humaniste favorisera, à tous les niveaux d'organisation, le schéma universel : désir de réaliser ses potentialités, compensation positive des obstacles qui s'opposent à cette réalisation, en tenant compte du désir des autres. Ceci est le schéma de base indépendamment des temps et des lieux, des ethnies et des cultures, des morales et des religions, des institutions politiques et des régimes économiques, des philosophies et des idéologies. Ce schéma est incontournable. Puisque l'expérience nous démontre que la nature biologique de l'homme s'exprime par le désir de se réaliser, de parfaire ses conditions de vie en éliminant les obstacles, *que de toute façon il le fera* et que sa faiblesse représente un risque d'affirmation non socialisée, il est éminemment nécessaire de mettre au point un ensemble d'attitudes individuelles et collectives qui favorise le développement épanoui de la société. C'est tout d'abord le rôle de tous les responsables, parents, éducateurs, responsables de groupes professionnels, économiques, politiques de fournir à chaque individu un cadre de développement favorable, car hors d'un milieu de développement favorable, les risques de dérapage sont loin d'être négligeables. C'est faire preuve d'une sagesse réaliste que de permettre à chacun d'être lui-même, car la réussite collective en dépend, et par contrecoup, le bonheur individuel. Un cadre de développement — *à tous les âges, on se développe et pas seulement pendant l'enfance et l'adolescence* — suppose, essentiellement, un milieu « sécurisant » qui stimule le dynamisme de la vitalité et qui après avoir libéré l'individu de l'appréhension des autres (« l'enfer c'est les autres », Sartre, *Huis clos*) lui donne envie de développer ses capacités, en accord avec les autres. Ces conditions de vie favorables s'élaborent par le choix d'un ensemble d'attitudes plus positives que d'autres. Elles ne sont, d'ailleurs, pas très nombreuses ; ce sont des conditions nécessaires pour assurer à chacun l'égalité des chances de devenir un homme complet.

— Aider à l'élimination des frustrations évitables, pour que l'affirmation de l'individu ne dévie pas vers une affirmation égoïste, violente, asociale.

— Ne pas mettre l'individu en état de défense, car qui sait comment va être évaluée cette attaque et comment va se réaliser la défense. Notre fragilité amplifie les sensations d'attaque, nombreux sont les obstacles et chaque frustration réactualise l'insécurité primaire et forme un terrain propre à accueillir les futures tensions. Ainsi dans nos relations, les tensions et les frustrations se perpétuent en se nourrissant des restes des précédentes.

— Favoriser une acceptation mutuelle de pensée qui respecte les différences, qui tolère les modes de pensée et comportement différents parce que tout homme est le produit d'une histoire qu'il n'a pas, en majeure partie, choisie, et que sa raison s'exerce à travers une vision du monde peut-être faussée, en tout cas basée sur des impressions subjectives : son style de vie. Cette tolérance ne peut éclore qu'après s'être soi-même accepté. — Assurer à l'individu une autonomie favorisant son authenticité. — Fournir à chacun l'occasion de poursuivre un but valorisant et épanouissant conforme à ses désirs et aptitudes. — Reconnaître la valeur individuelle par l'encouragement et la considération pour cette valeur. On sous-estime trop la valeur stimulatrice de l'encouragement, bien que chacun en voit pour soi l'importance. Nous sommes plus habitués à critiquer qu'à voir les points positifs.

Seule une totale réciprocité peut inciter l'individu à développer ses tendances positivement et apporter la garantie que personne n'y perdra dans cet échange. L'établissement d'un cadre de vie favorable dépasse, et de loin, les difficultés technologiques de la construction d'un monde matériel plus sûr et plus confortable, car les exigences sont nombreuses, variées, proportionnelles aux possibilités de sa conscience ; elles sont en concurrence permanente avec celles des autres ; elles se compliquent à l'infini par l'aperception subjective reposant sur un style de vie subjectif ; la discrimination entre des solutions positives ou négatives socialement est malaisée, car les vrais motifs de leur justification sont occultés et faussent leur évaluation. La nature est par essence amorale et le désir existentiel de l'homme également, mais c'est le privilège de cet homme d'avoir dépassé le stade de l'animal qui subit la nature. Nous manquons d'une connaissance de l'homme, se plaignait Adler, mais, ajoutait-il, il ne faut pas s'en étonner, car l'humanité n'a que quatre cents à quatre cent cinquante siècles ; nous sommes à l'aube de notre civilisation et cette aube a maints aspects prometteurs.

C'est sur la famille et l'école qui travaillent avec des êtres dont la vision de la vie est encore flexible parce que récente qu'il faut compter pour enseigner les attitudes humanistes ; pas une école qui pousse à la compétition permanente, à la rivalité et à la victoire du mieux équipé, mais une école où apprendre à vivre et apprendre à connaître soient aussi importants. L'humanisme adlérien est un modèle de santé mentale et sociale : l'équilibre et la réussite de chacun au détriment de personne, en coopération et non en rivalité avec les autres, pour le bien commun, l'intérêt de la communauté résidant dans l'équilibre et l'intérêt sauvegardé de chacun de ses membres.

La santé physique de l'homme est modifiée par son alimentation, sa santé mentale et sociale est fonction de la qualité de vie sociale. L'homme est le père du pire et du meilleur et il faut que l'atmosphère humaine l'incite à être non seulement un *homo habilis*, mais aussi un *homo amabilis*, ce qu'il souhaite secrètement. La connaissance des mécanismes de fonctionnement de l'homme doit nous interdire de faire comme si l'on pouvait manipuler n'importe comment l'homme fragile en quête d'amour et de bonheur sur la route éphémère de la vie.

CHAPITRE X

DÉFINITION DES CONCEPTS ADLÉRIENS

I. — Théorie de la Personnalité

Unité de la vie mentale. — Ligne dynamique *(Leitlinie ; guiding line)*. C'est une notion capitale.

Tout dans le psychisme suit une ligne directrice, expression de la manière dont chaque individu s'adapte au monde, compense ses faiblesses et se valorise le mieux possible. Cette ligne de conduite est le style de vie, c'est la formation réactionnelle de l'enfant face au microcosme qu'est son milieu. Ces réactions forment le cadre de référence pour une lecture ultérieure du monde, agissant au niveau conscient et inconscient, dans la vie normale ou pathologique.

Cette force unificatrice, Adler l'a toujours décrite comme allant du bas vers le haut, du moins bien vers le mieux, toujours plus haut, toujours mieux.

But (1912) *(Zweck ; Ziel ; goal)*. — Cette dynamique personnelle n'est autre que la forme individuelle prise par la vie qui, du protozoaire à l'être humain, tend à réaliser ses potentialités sous des formes de plus en plus complexes. C'est la manière individuelle d'atteindre le but universel : Etre heureux, vivre pleinement. C'est la « *causa finalis* » de l'individu ! (*Progress in Individual Psychology*, 1923), la racine unificatrice de l'action humaine. Vision unitaire de la personnalité et but poursuivi ne sont que les deux faces d'une même réalité. « Aucun homme ne peut penser, sentir, agir sans que cela soit dans un but déterminé par le souci majeur de la personnalité : l'élaboration d'une stratégie pour se réaliser. La vision téléologique (du grec *teleo* : finir, réaliser) imprègne la vision unitaire de la personnalité, clairement dès 1912. Le principe de causalité et le principe de finalité correspondent à deux angles de vue complémentaires.

La reconnaissance de la cohérence d'une personnalité et donc de son unité dans *toutes* ses expressions constitue pour Adler la condition indispensable à toute psychologie sérieuse. L'insistance sur l'unité de la vie mentale s'appuie aussi sur le modèle offert par Smuts (*Holism and Evolution*, 1926). Celui-ci se proposait de reconstruire l'idée d'évolution créatrice autour du thème de « *totalité* ». Il désignait ceci par le terme d'holisme. La théorie de l'unité de la vie mentale rend compte de l'ensemble des phénomènes psychiques d'une manière satisfaisante, y compris dans la pathologie.

Fiction *(Fiktion ; fiction)*. — La notion de fiction correspond à un postulat qui paraît plus efficace pour orienter l'action, bien que sa réalité ne soit pas prouvée. Destinée à être abandonnée quand on n'en a plus besoin, la fiction se distingue de l'hypothèse qui demande à être validée et toutes deux s'opposent au dogme qui est considéré comme établi solidement. Une fiction peut avoir une valeur heuristique lorsqu'elle est utilisée comme hypothèse de travail.

Le concept apparaît en 1911, lors de la publication du livre de Hans Vaihinger, *Philosophie du Comme Si* (*Die Philosophie des als ob*, Berlin, 1911). Chez Vaihinger, la nature de la fiction est d'être subjective ; ce sont des structures mentales, créées par l'individu (latin *fingere* : construire, former, concevoir) en grande partie inconscientes. L'élément essentiel, ce n'est pas le fait qu'elle soit une déviation de la réalité, mais que cette déviation soit utile.

Pensée antithétique (1912) *(Antithetischer Gedanke ; antithetical thought)*. — C'est un mode de pensée réduit à des dichotomies et à des antithèses qu'Adler présente, en 1912 dans *Le tempérament nerveux*, comme le signe d'une pensée primitive, souvent rencontrée aussi chez le névrosé, parce qu'elle facilite le jugement, en simplifiant la catégorisation. Ce type de pensée aboutit à des oppositions simplificatrices : amical/hostile, bon/mauvais, agréable/désagréable, homme/femme, etc.

Inconscient *(das Unbewusste; the Unconscious)*. — Le concept d'inconscient évolue parallèlement à l'éloignement de Freud. Dans le *Livre de la santé pour le métier de tailleur* (1898) il n'apparaît pas du tout. Il n'apparaît pas dans les articles avant 1904. Les divergences avec Freud se traduisent au niveau de cette notion par un glissement du schéma topique à celui d'une connaissance ou d'une non-connaissance des phénomènes du vécu. Est inconscient ce qui n'a pas pu être formulé en concepts clairs. Conscience et inconscience, loin de s'opposer comme s'il s'agissait de deux moitiés antagonistes, reflètent la même ligne directrice, la même tendance (dès 1913). La compréhension des phénomènes inconscients sera facilitée par l'emploi ultérieur du terme « incompris » (1933).

Pulsion *(Trieb ; drive)*. — Bien que *Trieb* et *Drive* puissent s'appliquer à l'instinct comme à la pulsion, il est d'usage, en français, de ne garder instinct que pour une force aveugle poussant à accomplir une tâche, dont le sens échappe à l'acteur (cf. Bergson : instinct et intelligence). Pour l'homme, on ne parle que de pulsion, notion plus plastique. La pulsion se définit chez Adler très classiquement comme « une poussée dynamique, une charge énergétique qui prend sa source dans une excitation corporelle ».

C'est un concept limite entre le somatique et le psychique. En 1911, la libido n'est plus envisagée comme moteur propulseur des pulsions, ni des névroses ; le sentiment d'infériorité a la première place, la pulsion devient secondaire. La pulsion psychique reste à la source d'énergie, mais son orientation lui vient de sa capacité relationnelle.

Style de vie (1929-1930) *(Lebensstil ; life style)*. — Adler a très tôt (1907) expliqué le développement psychique par une force dynamique. Ce fut successivement l'agressivité (1907), la protestation masculine (ou virile) (1911), puis le but fictif (1912). Dans les années 30, cet idéal de la personnalité ou idéal du Moi *(Ichideal)* se transforme en un concept plus vaste, plus global, qui rend compte de la personnalité entière. En 1929, le but fictif vers la sécurité, la supériorité, le mieux-être devient le *Style de vie*. Ce n'est qu'après 1930 que le concept acquiert sa définition définitive ; 1 / opinion de l'enfant sur lui-même et sur le monde ; 2 / en conséquence le but compensatoire à atteindre ; 3 / la manière propre à l'individu de compensation des déficiences. Ainsi conçu, le style de vie devient la référence par rapport à laquelle l'individu va interpréter toutes les situations ultérieures. Adler considère l'étude du style de vie comme l'élément essentiel de sa psychologie et de sa psychothérapie.

Superstructure psychique *(Psychische Ueberstruktur ; psychical superstructure)*. — Les infériorités organiques, et plus tard les autres, par l'attention qu'on y porte provoquent une formation réactionnelle compensatrice du psychisme.

L'unité de vie mentale, saine ou pathologique, s'étend

à celle du corps et de l'esprit. Le psychisme est un *prolongement du somatique*, un continuum qui s'étend aussi au social. Il apparaît évident à Adler que le style de vie et ses affects exercent une influence permanente sur le développement du corps « bien qu'il n'y ait aucune preuve directe de cette hypothèse » (1931).

Le langage du corps, le langage des organes (1912) *(Le jargon des organes ; organdialekt ; organ dialect)*. — Le concept s'est enrichi de 1912 à 1933 sans changer fondamentalement de sens. En 1912, il désignait, d'une manière large, la communication non verbale. Le corps « parle » d'une manière plus claire que les mots. Ce langage du corps peut contredire le discours conscient et se traduire par des symptômes créés pour la circonstance (1912, *Tempérament nerveux*). De 1929 *(Problems of Neurosis)*, 1931 *(What life should mean to you)*, 1933 *(Le sens de la vie)* Adler insiste encore plus sur l'unité de l'homme, corps, psychisme, sur leurs interactions et s'engage vers une approche psychosomatique.

Une fragilité génétique ou congénitale rend plus probable la répercussion d'une tension psychologique (1936). La traduction par le corps peut revêtir une valeur symbolique. C'est ce qu'Adler nomme complaisance somatique.

Hypersensibilité (1909) *(Ueberempfindlickeit ; oversensitivity)*. — L'attention portée à une déficience s'accompagne d'un sentiment d'insécurité qui exacerbe la sensibilité et oriente le psychisme vers des formations réactionnelles d'inquiétude et de conduites libératrices. Il remarque la présence chez tous les névrosés d'une sensibilité exagérée, maladive, qui crée chez eux l'impression fréquente d'être blessé, lésé, diminué pour un rien, un regard, un mot, comme si ce mot, ce regard, réactualisait l'insécurité permanente. Cette hypersensibilité est l'expression même du complexe d'infériorité. C'est une toile de fond sur laquelle s'inscrivent tous les événements. Elle agit, en amont, avant les événements, en créant un état d'alerte pessimiste et, en aval, en privilégiant les interprétations négatives ou fixant l'individu sur l'aspect dangereux des événements.

Pouvoir créateur (1932). — Ce concept est lié à plusieurs autres : celui de « psychologie d'utilisation » où l'accent est mis non sur l'existence de potentialités, mais sur l'usage qui en est fait. L'enfant reçoit des impressions du monde extérieur (microcosme familial) et il y réagit, non pas passivement en se contentant de les laisser s'enregistrer, mais en développant avec ingéniosité des conclusions quant à l'opinion qu'il faut se faire de ce monde et à la manière de s'en tirer le mieux possible. Ce pouvoir créateur agit sans arrêt, mais surtout dans les premières années où s'élabore le style de vie, inconsciemment, émotionnellement, sans les contraintes d'une logique réaliste et d'un cadre de référence expérimentiel.

Innéité (1907) *(Angeborensein ; innateness)*. — Seule une hérédité somatique est envisagée par Adler et ce depuis son ouvrage de 1907 *Etudes sur l'infériorité des organes*. Son attitude ne s'est pas modifiée dans ce domaine. Dans les années 30, il postule une disposition sociale innée parmi les potentialités génétiques.

Fratrie (1927) *(Geschwister, Familienkonstellation ; birth order)*. — C'est, avec l'hérédité organique et le climat affectif et éducatif, l'une des composantes majeures de l'élaboration de la personnalité. La présence de frères et sœurs, la position dans le groupe, contribuent à orienter le caractère différemment : efforts pour égaler les autres, efforts pour ne pas se laisser dépasser, impression d'abandon ou d'élection, tentatives pour centrer sur soi l'attention, politique de révolte, de soumission ou de retrait. Cette dynamique inclut une opinion sur sa propre valeur : on est intéressant, attirant ou peu attachant. Il s'agit, là, d'une notion éminemment féconde et contrôlable par l'expérience. Le terme de fratrie est strictement français et n'a pas d'équivalent exact ni en allemand ni en anglais.

L'enfant détrôné (1930) *(Entthronetes Kind; dethroned child)*. — L'expression remonte à *L'enfant difficile*(1930) et s'applique à n'importe quel enfant dans la fratrie, sauf le dernier. Mais c'est surtout de l'*aîné* dont il s'agit qui vit toujours la naissance d'un cadet comme un traumatisme. Il est confronté avec ce qu'il juge être un abandon, une dépossession, une trahison au profit d'un intrus. Il peut s'ensuivre des attitudes de frustration revendicative ou un laisser-faire résigné.

Le cadet. — Il se rend compte très vite qu'il est contraint d'égaler son aîné faute de se voir lui-même dépassé. De cette obligation de dépassement peut naître soit une volonté de ne pas céder, d'ouvrir d'autres voies originales, soit d'accepter un rôle d'éternel second.

Le benjamin. — Ses difficultés sont souvent aplanies par les autres frères et les parents, mais il est dirigé par tout le monde ; selon que domine l'impression de protection généralisée ou de dépendance généralisée, il développe un sentiment d'assurance devant les événements, un sentiment de revendication permanente ou de soumission par habitude.

L'enfant unique. — La solitude néfaste pour le développement social, les occasions raréfiées de tester ses propres capacités en les confrontant à celles des autres est compensée par de moindres risques de la vie fraternelle. En outre, il est le seul à bénéficier d'avantages affectifs et matériels. Il peut s'ensuivre plus d'isolement psychologique, d'indifférence, moins de débrouillardise ou au contraire une envie de connaître les dimensions manquantes, ou un sens plus aigu du manque affectif.

L'enfant abandonnique (1930) *(L'enfant difficile)* (1931) *(What life should mean to you) (Unbeliebtes kind; neglected child)*. — Sous le terme « d'enfant négligé », c'est l'une des trois causes, avec les déficiences organiques et l'hyperprotection des parents, de l'élaboration d'un style de vie névrotique. L'enfant abandonnique n'a jamais ou rarement connu les effets de l'affection et de la coopération. Sans l'expérimentation du soutien affectif, il a tendance à majorer les difficultés et à sous-estimer ses capacités, et sait mal gagner l'estime des autres en leur étant utile. Enfant élevé dans l'indifférence ou l'hostilité, il n'a peut-être pas été désiré.

L'enfant dépendant (1924-1935) *(Muttersöhnchen, verzogenes kind, Liebling ; spoiled, pampered child)*. — Il est d'usage de parler « d'enfant gâté », mais ce terme ne recouvre pas tout le contenu conceptuel ; la notion apparaît en 1924, Adler la décrit comme la tendance pour les parents à ne pas laisser faire à l'enfant ses propres expériences, en agissant à sa place en concomitance avec le sens ordinaire d'enfant gâté, pourri par les parents (1930). En 1935 *(Prévention des névroses)* Adler passe à un sens subjectif : enfant qui vit *en* enfant gâté, personne qui désire être protégée, que cette personne ait été ou non surprotégée dans son enfance. Désir de protection qui entraîne une attente d'assistance de la part de l'individu.

Premiers souvenirs (1912-1924) *(Erste Erinnerungen, Früheste Kindheitserinnerungen ; early recollections)*. — L'importance accordée aux premières années s'explique par la nouveauté des impressions sur l'enfant, leur manque de référence à une expérience antérieure conceptualisée, à la fragilité du Moi, encore embryonnaire, et la perception purement émotionnelle.

Les événements agissent sans nuances sur ce Moi. C'est pour retrouver ce style de vie au moment où il s'élaborait qu'Adler utilise les premiers souvenirs, réels, reconstitués ou même fantasmés, l'essentiel résidant dans le fait que le sujet croit dans leur réalité. Leur choix parmi tous ceux qui sont engrammés est révélateur de certains aspects du style de vie.

Relativisme (1912) *(Relativismus ; relativism)*. — Le style de vie étant l'organisation de la vie autour des perceptions, il en ressort que l'appréhension du monde est et ne peut qu'être subjective et relative. La correction ultérieure apportée par l'expérience et le jugement sera elle-même empreinte de la subjectivité de la vision initiale.

Adler ne fera qu'une seule exception à cette constatation universelle : la nécessité de coopérer avec les autres pour la satisfaction optimale de chacun. C'est ce qu'il nommera la « *Vérité absolue* ».

II. — Pathologie

Aperception tendancieuse (1912-1935) *(Tendenziöse Apperzeption ; tendentious apperception)*. — En 1912, Adler envisageait sa théorie à partir du névrosé et l'aperception névrotique ne désignait alors que l'interprétation erronée donnée par l'individu aux événements et basée sur les critères fondés sur des valeurs faussées du style de vie. En 1927, Adler généralise ce phénomène à toutes les perceptions, pathologiques ou non. Les perceptions n'ont qu'une valeur subjective et représentent des fonctions psychiques, d'où l'on peut tirer des conclusions sur la vie abyssale.

Intelligence ou logique privée (1927) *(Private Logik Intelligenz ; private logics, intelligence)*. — Ce terme désigne une attitude propre au névrosé qui utilise un mode de pensée à deux niveaux. L'un théorique, fondé sur la raison, la logique commune à un groupe, l'autre pratique, destiné à justifier son comportement qui diffère de ce que l'on attendrait de ses prises de position. A partir d'intérêts personnels, l'individu peu socialisé (névrosé, délinquant, égocentrique) tente de construire une conduite logique, apparemment acceptable. L'intelligence privée apparaît aussi dans la conduite « logique » du psychotique basée sur des prémisses fausses.

Volonté de puissance (1912) *(Will zur Macht, Will to power ; power striving)*. — Le terme est de Nietzsche, chez qui il désigne le désir d'élever, d'exalter le sentiment de la personnalité pour sortir du troupeau et accéder au niveau du surhomme. C'est, pour Nietzsche, un désir légitime. En 1912, Adler donne à cette notion deux sens : un sens général, assez proche de celui de Nietzsche : « Ce n'est que l'expression d'une lutte qui est profondément enracinée dans la nature humaine en général et dont le but compensatoire est de sortir de l'insécurité intérieure » (*Tempérament nerveux*, p. 36) et un deuxième sens qui est un glissement du premier, l'effort du névrosé pour cacher sa faiblesse. C'est ce sens qui prévaudra assez vite : soif de puissance, impulsion à la puissance (1927) qui pousse un individu à dominer les autres, à vouloir, d'une manière maladive, être au-dessus des autres. La volonté de puissance n'a pas forcément une apparence de lutte spectaculaire. On peut dominer par sa faiblesse, par sa maladie en obligeant les autres à tenir constamment compte de vous et en bloquant leur action. On peut dominer en empêchant les autres d'obtenir ce qu'ils désirent.

Agressivité (1908) *(Aggressivität ; agressiveness)*. — Adler a formulé ce concept en 1908, bien avant Freud (1920, *Eros et Thanatos*). Se situant sur le terrain de la biologie, il conçoit l'agressivité comme un élan vital, un dynamisme vital qui pousse tout être à utiliser tous ses moyens pour réaliser ses potentialités. C'est fondamentalement une tendance positive, mais chez l'Homme, elle est influencée par le style de vie, comme les autres tendances, et peut se transformer en force brutale, violence, hostile aux autres, dominatrice ou destructrice, si des conditions peu favorables ont pu donner à l'enfant l'impression que le monde est hostile et qu'il faut vaincre ou être vaincu ; cette deuxième forme se rencontre quand le sens social est peu développé.

Infériorité (1907) *(Minderwertigkeit ; inferiority)*. — Cette notion représente le fondement chronologique de la pensée d'Adler et un pilier de sa psychologie, au point que certains ont tenté d'y réduire sa théorie. Il part de la constatation que, dans le biologique, il y a une unité d'action et que les organes déficients peuvent être compensés plus ou moins par un autre organe de même fonction.

L'organe déficient provoque une plus grande sensibilité à cette déficience, ainsi qu'une stimulation à compenser cette faiblesse par un ensemble de traits psychiques réactionnels. L'individu cherche ainsi en permanence à fuir l'insécurité ressentie. Entre 1927-1930, Adler élargit le champ des causes d'infériorité au milieu éducatif, puis aux différentes causes économique, culturelle, ethnique.

Le sentiment d'insécurité, d'infériorité, d'imperfection est un phénomène universel, normal et constitue même un facteur de stimulation. Elle est à l'origine du progrès et de la civilisation. Le passage du sentiment normal d'infériorité au complexe d'infériorité constitue le début d'un processus pathologique.

Conflit *(Konflikt ; conflict)*. — Jusqu'en 1911, Adler, membre du cercle freudien, s'exprime en termes de pulsions, encore que depuis 1910 apparaisse la tendance à donner à certains phénomènes psychiques une valeur symbolique. Entre 1911-1912, quand le passage à une interprétation relationnelle se trouve réalisé, le conflit perd son aspect intrapersonnel et ne s'explique plus qu'en opposition avec d'autres individus. La cause du conflit reste, certes, la faiblesse, l'insécurité mais c'est surtout dans la confrontation avec les autres que naît cette impression d'infériorité et c'est dans l'opposition avec les autres qu'a lieu la recherche d'une compensation.

Compensation (1907) *(Kompensation ; compensation)*. — Processus assimilable à l'homéostasie destiné à retrouver le niveau d'équilibre antérieur après une perte. La compensation agit comme un mécanisme de défense et d'adaptation à une situation affaiblissante. Chez Adler, cette notion capitale doit se comprendre comme un processus dynamique, à l'origine de tout dépassement, de tout progrès, de toute marche en avant. Il semble hors de doute qu'il s'agisse là d'un processus universel dans le domaine biologique et psychologique.

Surcompensation (1907) *(Ueberkompensation ; overcompensation)*. — En 1907, Adler désigne ainsi la compensation particulièrement réussie d'une infériorité organique à cause de conditions favorables.

En 1910 *(L'hermaphrodisme psychique dans la vie et la névrose)* il utilise le terme dans le sens d'une exagération, d'une hypertrophie d'un trait opposé en réaction à une infériorité. Le terme est employé, ensuite, dans les deux sens (1927 : exagération maladive).

Protestation virile ou masculine *(Männliche Protest ; masculine protest)*. — C'est une attitude déjà observée par Kant (*Anthropologie in pragmatischer Hinsicht,* 1798) qui fait remarquer que la recherche de la domination prend ses origines dans la peur d'être dominé par les autres et que personne ne désirerait, normalement, être une femme. Dans notre société où le mâle détient le pouvoir, où tout semble plus ou moins établi pour et par le mâle, il est normal de voir cette situation se refléter dans la pensée peu nuancée de l'enfant : l'homme c'est la force, la femme, la fragilité.

Comme l'enfant, le névrosé, dont la pensée est tout aussi peu nuancée, cherche à acquérir les traits dits masculins, censés représenter l'affirmation, la combativité, l'assurance, l'énergie, voire l'agressivité, tandis qu'il fuit les traits paraissant féminins, censés traduire au-delà de la grâce, la soumission, la dépendance, la faiblesse. Cette attitude est commune aux deux sexes, car l'homme aussi peut désirer se sentir un vrai homme. Le terme « *protestation virile* » a une connotation sexuelle symbolique et représente surtout une réalité sociologique : se croire faible comme une femme. Le névrosé se sert de moyens féminins pour s'affirmer parce que la séduction lui paraît aussi efficace et moins dangereuse que la confrontation combative. En 1927, il restreint sa signification à un refus pour la femme de son rôle féminin secondaire (le deuxième sexe) dans le couple et la société. La revendication se fera à un niveau sociologique.

Hermaphrodisme psychique (1910) *(Psychischer Hermaphrodismus ; psychical hermaphrodism)*. — On peut se tromper, à la suite de Freud, sur le sens de cette expression. Elle n'est pas synonyme de bisexualité, mais de coexistence chez un sujet de « traits » culturellement attribués à l'homme (esprit de décision, recherche de la force, esprit d'entreprise, domination) et à la femme (douceur, réserve, timidité, docilité, grâce, fragilité, délicatesse...) c'est un « double rôle ». Cela peut déboucher, chez le névrosé, sur des comportements ambigus, contradictoires, ambivalents (Bleuler), bipolaires (Lombroso) comme si le névrosé n'était pas sûr de son sexe et hésitait entre deux attitudes possibles.

Il faut y voir plutôt une valeur symbolique de la passivité ou de l'activité, et une indication d'un doute sur soi.

Ambivalence (1912-1923) *(Ambivalenz ; ambivalence)*. — La coexistence, chez le même individu, de tendances contradictoires non intégrées harmonieusement dans la personnalité, peut correspondre à l'impossibilité de choisir l'un ou l'autre. Le sujet cherche à maintenir le *statu quo* et à repousser à plus tard le moment du choix. Cette interprétation ne vise pas la dualité opposée des objectifs fondamentaux du style de vie, mais le choix des moyens.

Distance (1914) *(Distanz ; distance)*. — Attitude pathologique consistant à se protéger en mettant entre soi et ses actes un fossé, un écran. « *L'attitude hésitante* » d'engagement suivi d'un retrait correspond à ce besoin de distanciation, de recul et diminue, momentanément, le degré de tension. C'est l'expression d'un désir d'agir accompagné d'un constat d'incapacité, ce qu'Adler a traduit par la « *politique du oui..., mais* ». A l'origine d'une telle attitude se trouve un sentiment d'insuffisance. Cette notion représente un mécanisme de défense souvent présent dans la pathologie.

Tendance à la dépréciation (1911) *(Entwertungstendenz ; depreciation tendency)*. — Elle est le corollaire de l'hypersensibilité. Le sentiment d'impuissance incite le névrosé à dévaloriser les autres pour garder son image intacte. C'est un mécanisme de défense négatif mais facile pour se valoriser. Le caractère de fiction apparaît entièrement ici.

Junctim (1912) (id. all. et angl.). — Association inconsciente d'une pensée et d'un sentiment gênant, par nature indépendants l'un de l'autre, mais qui, réunis, se renforcent. La notion est directement issue de celle de « Confluence des instincts » (1908).

Confluence des instincts (1908) *(Triebkonfluenz ; confluence of instincts)*. — L'association des deux instincts, sexuel et agressif, par exemple, donnera la pulsion sadique. La réunion de deux instincts les fortifie et les oriente. Comme le *junctim*, la notion date de l'époque de psychologie pulsionnelle et se trouvera délaissée après en 1911. En 1909, Freud l'emprunta : « C'est le même article où j'ai emprunté le terme de "confluence des instincts" » (Freud, *Collected papers*, vol. III, 1924, p. 281), le mot instinct désignait une somme de fonctions élémentaires d'un organe.

Facteur endogène (1912-1933) *(Endogener Faktor ; endogenous factor)*. — Prédisposition à la névrose ou à d'autres perturbations psychiques due à un style de vie insuffisamment préparé aux difficultés de la vie qui est ainsi fragilisé et ne donne pas de réponses adéquates.

Facteur exogène (1912-1933) *(Exogener Faktor ; exogenous factor)*. — Ensemble de difficultés objectives pouvant agir négativement sur un psychisme mal structuré. Adler en compte trois catégories principales, celles qui sont liées à la relation avec les autres, celles qui sont en rapport avec la réalisation de soi par le travail et celles issues des relations sexuelles. Si le terme est tardif (1933), la notion des facteurs subjectifs sur lesquels agissent les événements de la vie pour produire des traumatismes remonte à 1912 et ne variera pas.

III. — **Humanisme**

Sentiment communautaire (1908-1912) *(Gemeinschaftsgefühl ; social feeling, social interest, social sense)*.

— Les termes désignant cette notion sont variés : sens social, intérêt social, sentiment social ; la référence au concept de communauté traduit mieux l'idée d'Adler qui n'a pas employé *soziales Gefühl*, mais *Gemeinschaftsgefühl*. C'est une des notions de base de l'adlérisme. Dès 1912 *(Tempérament nerveux)* le sentiment communautaire intervient comme orientation positive ou négative de la personnalité. L'essence sociale de l'homme est si fondamentale qu'Adler se refuse à envisager un individu isolé, car toute la psyché est imprégnée des échanges avec les autres. C'est par une nécessité naturelle due à l'insécurité de l'homme préhistorique, à son incapacité de réussir à survivre tout seul et à sa fragilité que l'humanité s'est groupée pour mettre en commun ses aptitudes individuelles insuffisantes : « l'Homme est le plus démuni des êtres dans la nature » (Adler citant Darwin). Seules l'intelligence et l'organisation sociale leur ont évité d'être les victimes des éléments et des animaux. La civilisation est l'histoire de cette union qui, d'utilitaire, égocentrique acquiert très lentement un caractère plus oblatif, plus humanitaire. Adler développe l'idée de « *logique de fer de la vie en commun* » qui devient la seule vérité absolue ; on ne peut vivre en dehors des autres, il faut donc jouer franchement le jeu, coopérer au bien commun. La coopération est une nécessité déterminant l'action de l'individu au point que le sentiment communautaire est le moteur de l'évolution individuelle (1930). C'est le « baromètre de la normalité », la solution à toutes les faiblesses et le seul moyen d'obtenir une sublimation des instincts au sens où l'entend Freud.

Education (1904) *(Erziehung ; education)*. — Rejoignant Nietzsche qui prophétise qu'un jour viendra où la société donnera à l'éducation la première place, Adler fait du processus éducatif la pierre de touche de la société. Elle est, en effet, le contexte dans lequel va s'élaborer le style de vie ; elle va orienter l'individu vers l'autonomie ou la dépendance ; elle va lui donner sa référence pour qu'il se situe, lui montrer que la vie est viable ou hostile ; elle va lui donner le courage de s'assumer, de lui faire entreprendre des échanges fructueux avec les autres ou lui faire craindre le moindre échange ; elle va avoir une action prophylactique sur les futures perturbations psychiques.

Empathie (1931) *(Empathie ; empathy)*. — Le terme, d'origine anglaise, n'a pas été employé par Adler. Mais les attitudes impliquées dans l'idée d'empathie sont clairement formulées dans son œuvre. « Voir avec les yeux de l'autre », « entendre avec les oreilles de l'autre », c'est se centrer sur l'autre, le comprendre de son point de vue ; c'est littéralement « être dans la peau de l'autre » (1931, *What life should mean to you*) ; c'est une écoute sans *a priori*, une approche sans préjugé. C'est toujours l'attitude la plus riche et pas seulement en psychothérapie.

Encouragement *(Ermutigung ; encouragement)*. — La fragilité et l'insécurité existentielles font que l'homme, enfant et adulte, a besoin de se sentir conforté et tout spécialement soutenu et approuvé par ses semblables. Encourager, c'est inciter à l'autonomie, c'est reconnaître la valeur de l'autre dans un geste allocentrique et lui éviter de se sécuriser par des moyens négatifs. C'est mettre l'accent sur les réussites, même partielles, plutôt que sur les difficultés et les échecs. Pour Adler, une telle attitude est de nature à transformer un milieu de vie (familial, scolaire, professionnel).

Courage vital (1933). — Force suffisante pour assumer son rôle, ses responsabilités, ses difficultés. L'énergie, la motivation, pour être vraiment efficace, doivent s'inscrire dans la coopération avec les autres. Sa limite correspond à la *Tolérance psychologique* (1923,

Tragfähigkeit der Menschlichen Seele). Le concept est plutôt tardif.

Côté utile, côté inutile (1929) *(Nützliche Seite, Nützlose Seit ; useful side, useless side)*. — Dans *Individualpsychologie und der Neurosenlehre,* Adler ayant défini le sens social comme critère de la santé mentale de l'équilibre psychologique conçoit l'orientation des conduites humaines vers deux directions opposées : L'une, « le côté utile de la vie », se réfère à la coopération positive, avec échanges fructueux entre les membres de la communauté humaine ; l'autre, « le côté inutile », l'activité centrée sur son propre intérêt, peu social, franchement antisocial ou parasitaire.

Trois tâches dans la vie (1931) *(The three life tasks)*. — L'homme, pour atteindre l'épanouissement, doit se réaliser profondément dans les trois pôles essentiels de l'investissement de ses forces. Leur réussite sera le garant de la réussite de l'individu. Leur échec, de même, sera l'échec de l'individu.

L'essence de ces trois tâches est relationnelle : 1 / les liens plus ou moins intimes de la vie en société : l'esprit social ; 2 / la réalisation de soi par le travail, par la création et la contribution au bien commun ; 3 / la réalisation sexuelle, son prolongement dans un autre être, avec un autre être.

Cette réussite ne peut se faire qu'avec un sens des autres développé.

Psychologie démasquante *(Demaskierende Psychologie ; unmasking psychology)*. — La compréhension par le patient des insuffisances et des mauvaises orientations de son style de vie est indispensable. Un des rôles du psychothérapeute est de démasquer patiemment derrière les symptômes, les conduites, les échecs, les insatisfactions, le style de vie erroné et d'entraîner le patient à faire de même. En décodant les attitudes, l'analyste procède à un travail décapant, permettant de retrouver les attitudes premières et de les changer éventuellement.

Socialisme *(Socialism ; Socialismus)*. — Pour Adler, le médecin devait prendre à son compte le rôle d'éducateur puisque la société n'était pas mûre pour une médecine officielle vraiment humaniste où l'homme serait pris en charge dans son intégralité. Il met une cloison étanche entre la politique et la médecine. Néanmoins, son esprit reste profondément imprégné de l'idéal socialiste présent dans sa vision mystique d'une société idéale à venir.

Optimisme *(Optimism ; Optimismus)*. — Adler ne se fait pas d'illusions sur la « nature » de l'homme ; pour lui, l'homme n'est ni bon, ni mauvais. Ce qui caractérise l'homme, c'est, d'une part *sa fragilité* et d'autre part *son désir de se réaliser à tout prix*. Même si le sens social, au départ, n'a été que groupement d'intérêt, l'espoir reste entier de voir le progrès moral continuer comme il a évolué depuis l'aube des temps, car « l'humanité est engagée dans un processus évolutif allant vers un développement du sens social et moral ». Adler montre un optimisme réaliste, car il croit à la perfectibilité de l'homme tout en sachant que les progrès de la civilisation sont lents et que nous sommes à la « protohistoire » de l'humanité.

C'est ce qui le fait parler de société à venir dont « nous n'avons encore vu aucune réalisation : une société *sub aeternitatis specie* » ; c'est un de ses aspects prophétiques.

DATES IMPORTANTES DE LA VIE D'ADLER

1870 : Naissance d'Alfred Adler ; le 7 février 1895 : reçu docteur en médecine.

1) Période de médecine sociale

1898 : Publication du *Livre de santé pour le métier de tailleur*.

Entrée d'Adler dans le cercle freudien.

2) Période freudienne (automne 1902)

1902 (octobre) : Publication de *Une chaire d'Université pour la médecine sociale*.
1904 : Publication de *Le médecin comme éducateur*.

3) Fin de la période de médecine sociale

1907 : *Les erreurs dans l'éducation de l'enfant*.

Sortie du livre *La compensation psychique de l'état d'infériorité des organes*.

1908 : « La pulsion d'agression dans la vie et la névrose ».
1909 : *Psychologie du marxisme*.
1910 : IIe Congrès de Psychanalyse à Nuremberg.

Premières divergences marquées entre Freud et Adler

1911 : **Rupture définitive avec Freud et création de la Société de Recherche de psychanalyse libre.**

Fin de la période freudienne.

Fondation de la Société de Psychologie individuelle comparée.

1912 : *Le tempérament nerveux*.
1913 : 1 / *Rôle de l'inconscient dans la névrose* ; 2 / *Guérir et former*.

1914 : Parution de : 1 / *Psychologie individuelle, ses prévisions ses résultats* ; 2 / *Problème de la distance* ; 3 / *Mélancolie et paranoïa*.
1918 : *Bolchevisme et âme humaine.*
1919 : *L'autre côté : étude de psychologie des masses sur la faute collective*.
1920 : Création de groupes de travail pour enseignants.
1923 : Création de consultations médico-pédagogiques.
1924 : Chargé de cours à l'Institut pédagogique de Vienne.

Publication de *Pratique et théorie de la psychologie individuelle.*

1926 : Conférences à la Sorbonne.
1927 : Parution de : *Compréhension de la nature humaine* ; *Connaissance de l'homme.*
1928 : *L'art de l'interprétation psychologique* ; *La science de la vie* (en anglais).
1929 : *Ecole et psychologie individuelle comparée* ; *L'enfant difficile* ; *Les névroses.*
1930 : *Le problème de l'homosexualité* ; *L'éducation des enfants* (en anglais).
1931 : *Ce que la vie devrait signifier pour vous* (en anglais).
1932 : Chargé de cours à la Columbia University et au Long Island Medical Institute.
1933 : *Le sens de la vie* ; *Religion et psychologie individuelle* (en collaboration avec E. Jahn).
1934 : Installation définitive à New York.
1937 : Mort d'Adler, le 28 mai à Aberdeen (Ecosse) lors d'une série de conférences en Europe occidentale.

BIBLIOGRAPHIE

Œuvres d'Adler

Le tempérament nerveux, Paris, Payot, 1948 (nouv. éd. 1976).
Connaissance de l'homme, Paris, Payot, 1949.
Le sens de la vie, Paris, Payot, 1950.
La compensation psychique de l'état d'infériorité des organes, suivi de *Le problème de l'homosexualité,* Paris, Payot, 1958.
Religion et psychologie individuelle comparée, Paris, Payot, 1958 (avec le pasteur Jahn).
La pulsion d'agression dans la vie et la névrose, in *Bulletin de la Société de Psychologie adlérienne*, n° 42, p. 38-49 (1982) et in *Revue de Psychanalyse* , 2 mars 1974.
What life should mean to you, Boston, Porter, 1931.
L'enfant difficile, Paris, Payot, 1978.

Autres ouvrages

Corman (Louis), *Nietzsche, psychologue des profondeurs,* Paris, PUF, 1982.
Ellenberger (Henri), *A la découverte de l'inconscient*, Villeurbanne, SIMEP, 1974.
Orgler (Herta), *Alfred Adler et son œuvre*, Paris, Stock, 1955.
Rogers (Carl), *Client-centered therapy ; its current practice, implications and theory*, Boston, Houghton Mifflin, 1951.
Schaffer (Herbert), *La psychologie d'Adler*, Paris, Masson, 1976.
Sperber (Manès), *Alfred Adler et la psychologie individuelle*, Paris, Gallimard, 1972.
Van der Berg, *Les grands courants de la psychanalyse, étude critique*, Genève, Delachaux & Niestlé, 1980.

TABLE DES MATIÈRES

INTRODUCTION 3

CHAPITRE PREMIER. — **La spécificité de la doctrine d'Adler** 6

— II. — **L'homme et son cheminement intellectuel** 13

— III. — **Cohérence du système adlérien** 41

— IV. — **L'élaboration de la personnalité** 44

— V. — **Vie psychique et élaboration du style de vie** 51

— VI. — **Particularités philosophiques de la psychologie individuelle comparée** 61

— VII. — **Psychopathologie créative et théorie des névroses et des psychoses** 75

— VIII. — **L'éducation** 92

— IX. — **L'humanisme adlérien** 96

— X. — **Définition des concepts adlériens** 105

DATES IMPORTANTES DE LA VIE D'ADLER 124

BIBLIOGRAPHIE 126

Imprimé en France
Imprimerie des Presses Universitaires de France
73, avenue Ronsard, 41100 Vendôme
Décembre 1990 – N° 36 431